楽しい授業をつくる
〜「白板ソフト」を使って〜

教育ネット研究所

青山社

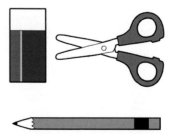

読者の皆様へ

本書の構成は実践の結果と出来上がった教材を最初に提示して、それらがどのように作られたかについて後から説明を付け加える形にしてあります。

そのために、第1章では突然分からない言葉が出て来ることをお許し下さい。

後ろに丁寧な説明を用意してあります。

第1章では現場の実践での「白板ソフト」の活用例を扱っています。主に小学校での実践が入っていますが、多様な対象に広げることが可能です。

最2章では「白板ソフト」の使い方と仕組みを順序だてて説明を行っています。実際に動かしながら読んでいただくと幸いです。ここで全体像をつかんでいただきたいと思います。

第3章では開発者自身から初めて「白板ソフト」を使う人へのアドバイスが書かれています。今までの「白板ソフト」のセミナー等でのユーザの陥りやすいポイントを踏まえた内容になっています。

皆様には「白板ソフト」に一日でも早く慣れて存分にご活用し、「楽しい授業」を作り上げて下さることを執筆者一同願っております。

本書に関するお問い合わせについて

本書に関するご質問、正誤表については、Webサイトをご参照下さい。

正誤表 URL：http://ien.tokyo/book/wb/

白板ソフト倶楽部・ダウンロード先 URL：http://ien.tokyo/wb/

＊本書に記載された URL は予告なく変更されることがあります。

＊本書に記載されているサンプルやスクリプトおよび実行結果を記した画面イメージなどは特定の設定に基づいた環境にて再現される一例です。

＊本書の出版に当たっては正確な記述に努めましたが、著者および出版関係者などのいずれも、内容に対しての何らかの保障をするものではなく、内容やサンプルに基づくいかなる運用結果に関しても一切の責任を負いません。

＊本書に記載されている会社名、製品名はそれぞれ各社の商標および登録商標です。

＊白板ソフト倶楽部の URL から、本書購入者特典として、白板ソフト体験版のダウンロードが可能です。

＊白板ソフトは株式会社マイクロブレインの開発したソフトウェアです。ソフトウェアは予告なくバージョンアップされる場合があります。

巻頭言

「白板ソフト」はプレゼンテーションソフトとして長い開発の歴史がありますが、2014年春に都内の公立小学校を使って講習会、同年秋に公開授業が行われて、動きを基本とした提示ができることで参会者に動揺を与えることになりました。

　これまで提示用のツールとしては「パワーポイント」を使うのが当たり前で、今でもデファクトスタンダードになっています。学会でも大学でも当たり前のように使われています。少し前は「フラッシュ」が動きを表現しやすいツールとして、盛んに教材開発が行われていました。

　昨今の学校への電子黒板の普及で、メーカー毎に工夫された電子黒板用提示ツールが出てきました。それぞれの長所・短所があります。実際の授業で使われる教材、特に小学校の教室で使われる教材は授業そのものが動的で、児童の活動を促す工夫がいたるところで見られます。そのような小学校の授業を表現できるツールがあるといいなと思っていました。今まではその期待を持って「フラッシュ」を使った教材開発などの研究が行われてきたわけです。

　同じ延長線上に「白板ソフト」がありました。動きを基礎にしているためにアニメーションが容易に入り、多様で動的な小学校の授業が電子黒板の上で展開できるようになりました。

　しかし教材開発にはツールをマスターするための学習と演習が必要です。そのためのテキストは必需品だと考えて、今回の出版に至ったわけです。

　「白板ソフト」はスケールの大きなソフトです。全体をつかむのが大変で、できるだけ分かりやすく噛み砕いて紹介したつもりですが、まだ不十分なところもあると思います。賢明な読者のご助言を待っております。

　これから「白板ソフト」という器の上にいろいろな教材が盛られるのが楽しみです。学習の楽しさは厳しさと共にあります。現実の授業を再現した、楽しい中に厳しさがある教材が集まれば日本の教育の大きな成果になるでしょう。互いに使い合って楽しい授業を実現して欲しいと思います。それこそが百家争鳴の今日の教育界の混乱と困難を切り開く鍵になるでしょう。

　この本は基本的には30年近くの長きに亘って、主に初等教育の研究を行ってきた学習過程研究会の前会長坂井岳志氏、現会長八木澤薫氏をはじめとしたメンバーのご協力なしにはできませんでした。実践事例は主にこれらの方から寄せられています。重ねて御礼申し上げます。表紙等のデザインは坂本憲吾さんに、印刷出版等は青山社さんにお世話になりました。さらにこの出版に関連して、いろいろな面からご協力していただいた現場の先生方に深く御礼申し上げます。

　　　2015年夏

　　　　　　　　　　　　　　　　　　　　　　　　　　　　　　　　　木下　昭一

はじめに

本書を手に取った先生方へ

　あなたは、毎日の授業を楽しんでいますか。

　また、子どもたちが「今日の授業は楽しかった。」「よくわかった。」と言ってくれるような満足できる授業を目指していますか。

　教師の仕事は「オーケストラの指揮者」にも「舞台の演出家」にも似ていると思います。子どもたち一人一人の考えやつぶやきをつかまえ、活かしながら、学びを展開していく…。ねらいを達成するための大まかな道筋はありますが、子ども同士のやり取りや授業の深まり方は即興の演奏と言えます。子どもは生きもの、授業もライブで刻々と変化するものです。

　しかし、よく耳にするのは「では、どうすれば子供たちがよくわかるのか、指導書の通りやってみてもうまくいかない。」と悩む若手の先生たちの話です。「教材作りに時間がかかったわりにはあっさり終わって深みの無い授業になってしまった。」とか、「授業は一応考えた通りに流すことができたが、結果として内容を教えこむだけになってしまった。」とかいうのです。ベテランの先生ですら「これは子どもが楽しくわかり、深まりのあるいい授業だったというのは年に数回しかない。」と言っているのを時々耳にします。それほど「よい授業」への道は遠く長いものなのかもしれません。

　まして現代の先生方は授業以外の仕事や服務研修が山のようにあり、教材研究に十分な時間が取りにくいこともあるのでしょう。それを解決するためには、よりよい授業を目指して努力する先生方の情報交換や交流の場が必要といえます。そのような先生方の一助になればと思い、この本を出すことになりました。

　理解を促すための電子黒板や機器の利用が進みつつある今日、様々なプレゼンテーションソフトやツールが開発されています。その中で授業を活性化し、インタラクティブな学びを作るために役立つ「白板ソフト」を使った授業の実践をまとめてみました。

　「白板ソフト」は、操作が簡単。フラッシュ教材や穴埋め問題、絵の加工やアニメーションが従来あるプレゼンテーションソフトや電子黒板用ソフトに比べてはるかにシンプルな手順でできます。拡大・縮小、切り取り、書き込みもワンタッチ。子供たちが授業中に考えを書き込みながら発表したり、まとめたりすることはもちろん、教師の教材研究も短時間ですむ優れたソフトです。特別支援教育的な視点に立った教材作りにも大変有効です。

　楽しい授業をつくる先生方の交流の場にもなるように、この本をご購入くださった先生方には、「白板ソフト倶楽部」のサイトから、この本に載っている教材をダウンロードしてお使いいただけるようにしました。

　本書は、「白板ソフト」活用のスタートブックです。子供たち全員が「わかる」「できる」授業を目指されているすべての先生に贈りたいと思います。

片柳　木ノ実

目　次

読者の皆様へ ………………………………………………………………… iii
巻頭言 ………………………………………………………………………… iv
はじめに ……………………………………………………………………… v

1　楽しい授業を「白板ソフト」でつくる、使う …………………………… 1

1-1　あなたも作ってみよう！　楽しい授業の教材
- 1-1-1　「漢字の筆順学習」………………………………………………… 2
- 1-1-2　「人の体のつくりとはたらき」…………………………………… 4
- 1-1-3　「植木算」…………………………………………………………… 8
- 1-1-4　「かけ算九九の学習」……………………………………………… 10
- 1-1-5　「通過算」…………………………………………………………… 12
- 1-1-6　「きんぎょのあぶく」……………………………………………… 14
- 1-1-7　「栄養のバランスを考えよう」…………………………………… 18

1-2　教材が手軽に作れる！　楽しい授業の実践例
- 1-2-1　「伝えたいことの言い方は」……………………………………… 22
- 1-2-2　「面積の色々な求め方」…………………………………………… 28
- 1-2-3　「自然を生かした人々のくらし」………………………………… 30
- 1-2-4　「もしも地震がきたら」…………………………………………… 32
- 1-2-5　「すうじのうた」…………………………………………………… 34

1-3　詳しく知ればこんな教材も作れる！　作り方の詳細
- 1-3-1　「いろいろな形の面積」…………………………………………… 38
- 1-3-2　「『白板ソフト』を使ってプログラミングをしてみよう」……… 50

1-4　ダウンロードして使える！　全学年の実践例
- 1-4-1　「百人一首を覚えよう！」………………………………………… 60
- 1-4-2　「四角形のしきつめ」……………………………………………… 62
- 1-4-3　「こんちゅうを育てよう」………………………………………… 64
- 1-4-4　「分けた大きさをあらわそう」…………………………………… 66
- 1-4-5　「スーホの白い馬」………………………………………………… 68
- 1-4-6　「ぐみの木と小鳥」………………………………………………… 70
- 1-4-7　「三びきのやぎのがらがらどん」………………………………… 72
- 1-4-8　「安全な理科実験」………………………………………………… 74

1－4－9　「管理職の三種の神器」 …………………………………………………… 76

2　「白板ソフト」の使い方入門 …………………………………………………… 79
2-1　入門以前 ………………………………………………………………… 80
　　2-1-1　起動 ……………………………………………………………… 80
　　2-1-2　お絵描き ………………………………………………………… 80
　　2-1-3　取り消しとやり直し …………………………………………… 82
　　2-1-4　直線 ……………………………………………………………… 82
　　2-1-5　バケツボタンで図形を描く …………………………………… 82
　　2-1-6　レイヤ …………………………………………………………… 83
　　2-1-7　背景を入れる …………………………………………………… 83
　　2-1-8　消しゴムボタン ………………………………………………… 84
　　2-1-9　矢印ボタン ……………………………………………………… 85
　　2-1-10　拡大する ……………………………………………………… 85
　　2-1-11　ダイアログボックス ………………………………………… 85
　　2-1-12　グリッドの表示 ……………………………………………… 86
　　2-1-13　ボードページを見る：ページ一覧 ………………………… 86
　　2-1-14　ボードページを見る：ポップアップメニュー …………… 87
　　2-1-15　ファイルの保存 ……………………………………………… 88
　　2-1-16　印刷 …………………………………………………………… 88
　　2-1-17　困ったときのヘルプ ………………………………………… 89
2-2　部品入門 ………………………………………………………………… 89
　　2-2-1　部品と絵との違い ……………………………………………… 89
　　2-2-2　部品の選択状態と非選択状態 ………………………………… 90
　　2-2-3　部品とマウスポインター ……………………………………… 91
　　2-2-4　選択枠 …………………………………………………………… 91
　　2-2-5　部品の選択枠、移動と操作 …………………………………… 92
　　2-2-6　部品の基本的性質－複写 ……………………………………… 93
　　2-2-7　ボードページの中の部品の複写 ……………………………… 94
　　2-2-8　部品の基本的性質－リンク …………………………………… 94
　　2-2-9　部品の絵の編集 ………………………………………………… 94
　　2-2-10　外から持ってきた部品 ……………………………………… 95
　　2-2-11　作図ボタン …………………………………………………… 96
　　2-2-12　バケツボタン ………………………………………………… 97

2-2-13	テキスト	97
2-2-14	白板ソフトの構造	98
2-2-15	ボードとボードページ	99
2-2-16	ボードの編集	100
2-2-17	ボード上の[次ページに追加]とは	100
2-2-18	ボードの部品情報を見る	101
2-2-19	はさみボタン	103
2-2-20	はさみと部品の連絡	103
2-2-21	はさみの切り取り対象	104

2-3　子部品入門　105

2-3-1	グループ化と解除	106

2-4　各種設定－便利な使い方　107

2-4-1	記録ツール	107
2-4-2	設定－基本設定－保存・読込	108

2-5　部品ページ入門　109

2-5-1	部品ページの構造とレイヤ	110
2-5-2	［ページ追加（クリック有）］の構造と機能	111
2-5-3	部品の構造を見る：アニメーション設定	111
2-5-4	編集ウィンドウ	112
2-5-5	隠すページ	112
2-5-6	隠すボタン	113
2-5-7	透明ボタン	114

2-6　部品ページでの操作入門　114

2-6-1	部品ページでの、[次ページに追加]	115
2-6-2	部品ページでの透明部品	116
2-6-3	連続変形	117
2-6-4	操作用子部品	118
2-6-5	部品情報を見る	119

2-7　アニメーション入門　119

2-7-1	ボードページのアニメーション	120
2-7-2	ボードページの操作用部品	121
2-7-3	ボードページのより戻し	121
2-7-4	部品ページのアニメーション	122
2-7-5	部品ページのより戻し	124

	2-7-6　イメージのアニメーション	125
	2-7-7　子部品から動きを操作	125
2-8	計算式とグラフ入門	126
	2-8-1　変数	127
	2-8-2　チェックボックス	128
	2-8-3　2行のテキスト	128
	2-8-4　表を作る	130
	2-8-5　関数の値を作る	130
	2-8-6　データのグラフ化	131
2-9	プログラム言語「関係式」計算部品入門	132
	2-9-1　計算の視覚化	132
	2-9-2　関数のグラフ	134
2-10	プログラム言語「関係式」入門	136
	2-10-1　文字の表示	136
	2-10-2　キー入力と部品の移動	136
	2-10-3　マウス入力と部品の移動	137
	2-10-4　親部品を子部品で動かす	137
	2-10-5　軌道運動	138
	2-10-6　パラメタ表示の軌道運動	138

3　解　説　……………………………………………………… 141

3-1	起動方法	142
3-2	ボード	142
3-3	ペン描画と背景	143
	3-3-1　背景の設定	144
	3-3-2　背景のクリア	144
3-4	部品	144
	3-4-1　部品の追加	144
	3-4-2　部品の選択	145
	3-4-3　部品選択時の操作	145
	3-4-4　部品の削除	146
	3-4-5　部品の移動	146
	3-4-6　部品の複写	146
	3-4-7　部品の子部品としての追加	146

- 3-4-8 子部品の配置 …………………………………………………… 147
- 3-4-9 部品のレイヤ移動 ……………………………………………… 147
- 3-4-10 部品の操作ありとなし ………………………………………… 148
- 3-5 ページ ……………………………………………………………… 148
  - 3-5-1 ページダイアログ …………………………………………… 148
  - 3-5-2 ページ画像 …………………………………………………… 149
  - 3-5-3 別ページに部品を配置 ……………………………………… 149
  - 3-5-4 ページ間のアニメーション ………………………………… 150
  - 3-5-5 アニメーション時間 ………………………………………… 150
- 3-6 部品のページ ……………………………………………………… 150
- 3-7 部品ダイアログ …………………………………………………… 151
- 3-8 選択中の部品へドラッグ ………………………………………… 153
- 3-9 ウィンドウ外への部品ドラッグ ………………………………… 155
- 3-10 記録ボタン ………………………………………………………… 155
  - 3-10-1 記録終了ダイアログ ………………………………………… 156
- 3-11 虫眼鏡 ……………………………………………………………… 156
- 3-12 はさみ ……………………………………………………………… 157
  - 3-12-1 はさみのクリックでの選択 ………………………………… 157
  - 3-12-2 はさみの直線ドラッグでの分割 …………………………… 157
  - 3-12-3 はさみで囲んで切り取り …………………………………… 158
  - 3-12-4 はさみで複数の部品を囲んでまとめる …………………… 159
  - 3-12-5 はさみダイアログ …………………………………………… 160
- 3-13 矢印ボタン ………………………………………………………… 161
- 3-14 編集ダイアログ …………………………………………………… 161
- 3-15 消しゴムボタン …………………………………………………… 164
- 3-16 ペンボタン ………………………………………………………… 165
  - 3-16-1 作図ペン ……………………………………………………… 169
- 3-17 バケツ ……………………………………………………………… 171
- 3-18 ダイアログ ………………………………………………………… 172

あとがき ………………………………………………………………………… 177
執筆分担 ………………………………………………………………………… 179
著者紹介 ………………………………………………………………………… 180

楽しい授業を「白板ソフト」でつくる、使う

1-1　あなたも作ってみよう！　楽しい授業の教材

1-2　教材が手軽に作れる！　楽しい授業の実践例

1-3　詳しく知ればこんな教材も作れる！　作り方の詳細

1-4　ダウンロードして使える！　全学年の実践例

先生の気持ちや息づかいまでも伝わる
1-1-1 「漢字の筆順学習」
国語、小学校1〜6年（全教科書）

― 白板ソフト利用のメリット ―

単調に進められがちな漢字の学習、特に筆順を覚える活動を、児童のようすや取り組みの姿勢に合わせて、楽しく行う工夫ができる環境が得られる。

指導の概要（1時）

はらいやはねを表現することも可能。

ペンボタンをクリックしてペンの色や太さを選ぶ。その際、[筆圧]ボックスにチェックマークをつけます。
　線の太さは最大にするとよいでしょう。タブレットパソコンで、指やタブレット用ペンで書くと上手に書けます。

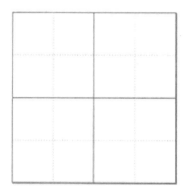

方眼を用意し、貼り付けておくと、形のよい字を書いたり、児童に形のよい字を書かせるための指示をしたりする指導がしやすくなります。

教材活用ポイント

教師が書いた文字が、そのまま大きく表示されることから、昔からの黒板を利用した学習と同じように授業を展開させることができます。

　教師が書く文字が上手でも下手でも、児童のようすをつかめば楽しい学習につなげることができます。

　録画機能を使うと教師が書いた筆順の通りに、何度でも筆順を提示することができます。

録画機能で筆順再生

文字を書く前に、赤い円形の[録画]ボタンを押しておくと、文字を書くことがそのまま録画されます。

　3種類の再生の仕方から再生方法を選ぶと[再生]ボタンが表示され、繰り返し筆順を表示することができます。

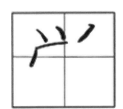   

低学年ではわざと不格好に書くことも学習を活性化させます。

不格好に書いてしまうことも、筆順を間違えて書いてしまうことも、教師の授業展開で効果的な授業にすることができるようになります。

　児童は、教師の書いた字より上手に書こうとしたり、筆順を訂正したりすることにより、楽しく積極的に学習に参加するようになります。

　自由度の高い漢字学習を実現することができるといえます。

楽しい授業を「白板ソフト」でつくる、使う

パズル遊びしながら定着

1-1-2 「人の体のつくりとはたらき」
理科、小学校6年（全教科書）

本時の目標

人や動物が生きていくための呼吸，消化，血液循環にかかわる体内の各器官のつくりとはたらきについて、分かるようにする。

指導計画（12時/12時間）

●学習活動	◆教師の支援　　▲ICTの活用
●人の呼吸器、消化器、循環器などの内臓のパズルを組み立てて人の体を完成する。 ●人や動物の呼吸、消化、血液のはたらきについて関連づけてまとめる。	▲各自がタブレットで、パズルのように内臓を組み立てて、人の体を完成させる。 ◆呼吸と消化と血液循環のはたらきと、それぞれの臓器がどうつながっているか、今まで学習したことを想起させる。

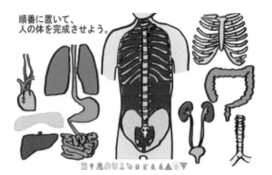

パズルのように自由に動かしながら組み立てます。

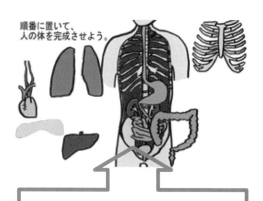

それぞれの内臓は正しい上下関係でレイヤ内に配置されているので、動かす順番が前後しても正しく収めることができます。

教材作成の手引き

手順① フォルダ内に絵を準備

（1）「白板ソフト」の上にのせたい写真や、イラストを一つのフォルダに入れておきます。

（2）レイヤの下から順に 01,02,…09 など番号入りの名前にしておくとよいでしょう。

（3）写真でも、スキャンした手描きの絵でも、ペイントで描いた絵でも使えます。

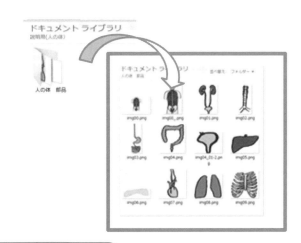

手順② ドラッグ＆ドロップで順に部品として入れていく

（1）白板ソフトを起動しましょう。前回使ったものが起動時に現れたら、ツールバーの　　　　のボタンから、[新規追加]⇒[新規]をクリックして白い新規画面を作ります。

（2）部品を入れたフォルダを開き、最初に貼りたい図を白板ソフトの白い画面上にドラッグ＆ドロップします。

（3）[連番で取り込みますか？]に対しては、[いいえ]を選び、[背景に設定]を選びます。

（4）すると、右図のように背景に設定されます。小さい画像を背景にすると、縦横も伸びてしまうので、あらかじめ横長の白い画面の真ん中に絵を貼っておきます。

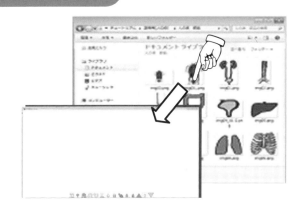

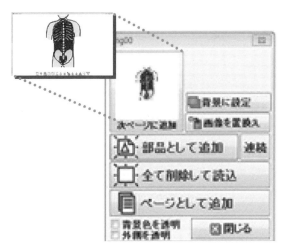

（5）背景ができたら、パズルにする部品を追加していきます。

[連番で取り込みますか？]に対しては、[いいえ]にし、部品ダイヤログの下段の「外側を透明」にチェックをして[部品として追加]をクリックします。

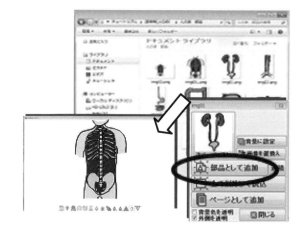

（6）画像は、選択枠が出ている間は拡大縮小が可能です。大きさを合わせてから、別の場所をクリックして選択を解除すると、そのままドラッグで移動できる部品になります。

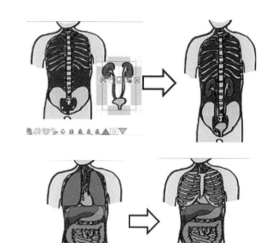

（7）同様に、下から順に重ねたい部品を追加して大きさをそろえていきます。

右が完成図です。直腸が膀胱の上のレイヤになっているので、あとから膀胱だけは別部品にして重ねてあります。

（8）パズルをもう一度バラバラの状態にします。

最後に操作支持の文字を入れれば完成です。下の[ペン・バケツ]ボタン　　　から

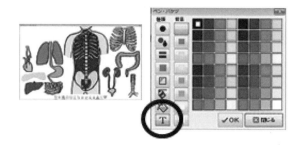

[T（テキスト）]ボタンを選びます。

（9）文字を入れたい部分を白ペンでドラッグして指定すると、「テキストダイアログ」が現れるので、そこに文字を入力します。

6

「順番に置いて、人の体を完成させよう」と入力し、[OK] をクリックします。

(10) 文字の選択枠をドラッグして大きさを調整してから、一番左の手のマーク（移動）の [×] をクリックして消すと、「固定してある動かない、移動不可」の状態になります。

(11) 文字（移動不可）、背景（固定）で、部品だけドラッグで動かせる教材のできあがりです。
最後に閉じる時に [保存して終了] をすると、今あるその状態で保存されます。

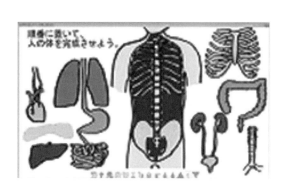

知っておこう、白板ソフトの「サンドイッチ構造」

白板ソフトは、いわゆる「サンドイッチ」のような構造をしています。

　一番下に置いて動かしたくないものは、ドラッグして白板上に落とし、「背景に設定」にすると一番下の背景に置かれ、動かせなくなります。

　その上には、同様にドラッグして白板上で落としますが、[部品として追加] にすると、追加した順番に①から⑤のような上下関係で入っていきます。

　ペンを選択して背景や部品の上から書き込むことができますが、それらはすべて「前面」のレイヤにのっているものです。

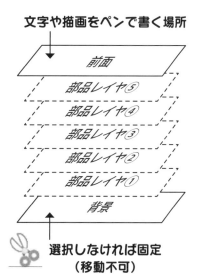

　書き込んだものも含めて画像化したい時は [はさみ] ボタンをクリックしてから囲むと丸ごと画像化されて、部品レイヤの一番上に入ります。ただし、上の図のような場合は、最下部の背景ごと切り取ることになるので、そうしたくない時は、背景が無い状態で部品や書き込んだ絵を丸ごと囲むようにしましょう。

子どもが数の法則性を発見していく

1-1-3 「植木算」
算数　小学校3年（東京書籍）

白板ソフト利用のメリット

何々算とよばれる、考える算数学習の初歩である植木算を、木の本数を自由に変えて表示することで、分かりやすく学習する。コピー機能を用いることで、表示にかかる時間を短縮することができるので、児童の話し合いの時間が多く持て、理解を深めることができる。

指導の概要（1時）

児童の前で直接描いても、キャラクターとして用意しておいてもいいでしょう。

作成の手順
[ペン]ボタンをクリックしてペンの色や太さを選び木や歩道などの地面を描きます。

　はさみのマークの[はさみ]ボタンをクリックし、描いた絵を切り取り部品にします。

　部品を選択した後、部品の外から内部を通り外に出るようにドラッグすることによって必要な本数のコピーが簡単にできます。

豆知識
学習に必要な本数の木が表示できたら、木の画像を横一列に並べ、木の本数と間の数との関係を考えさせましょう。

　本数を自由に変えられるので、色々な場合を表示して学習することができます。

教材活用ポイント

問題として最初から木の本数を決めてしまうのではなく、木の本数を児童の要求に合わせて表示させることで、積極的に児童が参加する授業を行うことができます。木と木の間隔（長さ）も自由に決めることでさらに児童の参加を促せます。表示する木の本数を自由にすばやく変えることで、児童に間の数は木の本数より1少ないことを発見させることができます。

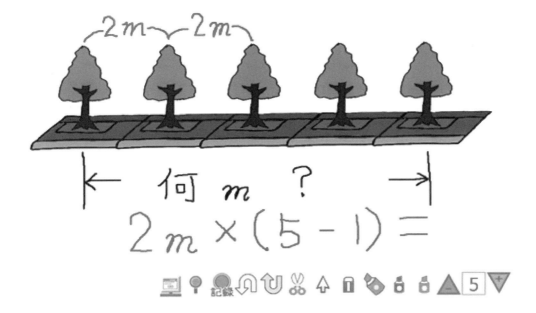

木の数と間の数の関係が分かったら、木の端から端までの長さを求める式を書きます。

木の間隔、木の数がいろいろな場合について、木の端から端までの長さを求めます。

木を直線的に並べるばかりでなく、円になるように並べることにより、さらに発展学習を行うこともできます。

九九の仕組みを画像で説明
1-1-4 「かけ算九九の学習」
算数、小学校1年、（全教科書）

利用の内容

かけ算九九の仕組みを、画像を用いて分かりやすく説明する。累加のようすを映像によって自由に表示することによって、児童の理解を助け興味をもって学習に取り組めるようにする。

指導の概要（1時）

学習する九九に合わせて、キャラクターを選ぼう

7の段の学習用キャラクター「ナナホシテントウ」を選んだ場合の操作方法。

　1から9の段学習用キャラクターの中から、学習する段のキャラクターを切り取り、ページを次のページにします。

　選択されたナナホシテントウ画像の上を、外から中を通過するようになぞると、ナナホシテントウが1匹コピーされます。

　必要な数のテントウムシを表示し、七つの星の数を求めます。

教材活用ポイント

教師が描いた数の組み合わせばかりでなく、児童からの要求に合わせてかける数を設定することで、興味をもって学習に取り組むことができます。

キャラクターは、あらかじめ用意したものではなく、その場で描くとさらに児童の注目度が高まるので、楽しい授業を展開させることができます。

コピー機能を活用して、テンポよく授業を進めることができます。

8の段の学習画面

たこを1匹から順に増やし、足の数を求めたり、いきなり5匹表示して足の数を考えたりと、学習の展開は自由自在。教師の発想と児童の様子や要求にあわせ、自在に展開することができます。

2分ほどでこんな画面を作ることができます。

一回なぞるごとに画像が瞬時にコピーできることから、画面いっぱいにたくさんのキャラクターを表示しても、表示にかかる時間は極くわずか。コピーするたびに決まった数だけ実や葉の数などが増えるようすから、かけ算九九の仕組みを視覚的に捉えることができます。思考が途切れることなく、テンポよく学習を進めることができます。

アニメーション表示で分かりやすく説明
1-1-5 「通過算」
算数、小学校5年、(啓林館・日本文教出版)

利用の内容

速さの学習の中で、その発展として通過算の学習が行われる。その際、今までの黒板を用いての学習では、列車などは動かなかったが、アニメーション機能を用いることで、簡単に動きのある図を作成することができる。

指導の概要（1時）

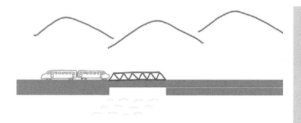

鉄橋を通過する列車を想定して、列車の速さや長さ、鉄橋の長さなどを求める学習が、速さの学習の発展として扱われることがあります。
　この学習を、アニメーションを用い楽しく分かりやすく学習します。

列車は50m走ったのでは鉄橋を渡ることができません。
　列車の長さの分、さらに走らなければ鉄橋を渡りきれません。
　クリックするごとに列車を走らせることで、どれだけ走れば鉄橋を渡ることができるかを、分かりやすく提示することができます。

教材活用ポイント

列車が動くようすを、あらかじめ作りあげておくのではなく、児童が見ている前で、「ここまで列車が来てもまだわたったとはいえないね。」などといいながら授業の中で動くように作り上げていくことで、児童の学習意識を高め積極的に授業に参加するよう導くようにします。

鉄橋を通過する列車を想定して、列車の速さや長さ、鉄橋の長さなどを求める学習が、速さの学習の発展として扱われることがあります。

この学習を、アニメーションを用い楽しく分かりやすく学習できます。

通過算の色々なバリエーションにも対応できる

鉄橋をトンネルに変えても、同じ学習ができます。また、人の前を通過する時の列車の長さと速さから通過にかかる時間を求めたり、列車の速さと通過にかかる時間から列車の長さを求めたりと、さまざまな速さの学習に応用できます。

アニメーション表示で分かりやすく説明
1-1-6 「きんぎょのあぶく」
国語、小学校2年、（光村図書）

指導計画（第1時／3時間）

	●学習活動	◆教師の支援　▲ICTの活用
第1時	●「きんぎょのあぶく」の詩を読み、あぶくがどんな形でどんな様子なのかを想像し発表する。 ●他にも「ぷくぷくぷくん」としたものがないかを思い浮かべて、それを金魚の代わりに当てはめてみる。 ●「ぷくぷくぷくん」でなく、「つるつるつるん」「きらきらきらん」「くるくるくるん」など、他の言葉だったら、何のことになるか想像して詩にしてみる。 ●友達と交流して音読し合い、感想を話し合う。	◆ワークシートを用意し、自由な発想で書けるようにする。 ▲白板ソフトの透明ページを仕込んで、ワンクリックで「つるつるつるん」や「きらきらきらん」などに入れ替わる教材を提示する。 ▲友達から推薦された詩は書画カメラで拡大投影し、よいところを話し合う。

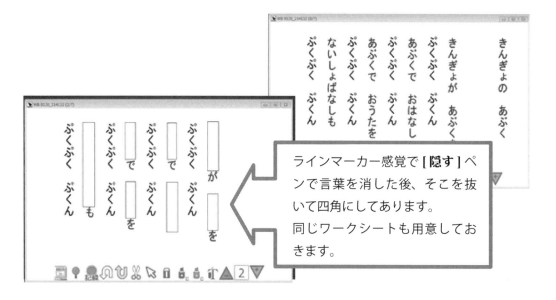

ラインマーカー感覚で[隠す]ペンで言葉を消した後、そこを抜いて四角にしてあります。
同じワークシートも用意しておきます。

教材活用ポイント

「ぷくぷくぷくん」のテキストにはワンクリックで「つるつるつるん」や「きらきらきらん」などの他の擬態語に一度に入れ替わるようにページを仕込んであります。一瞬で言葉が替わると全体の雰囲気もがらりと変わるので、自分の気に入った擬態語を選び、それに合わせて何の言葉を当てはめるか、想像力を働かせて楽しく考えることができます。

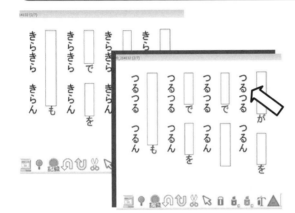

「〜で、〜を」には、必ずしもこだわらなくてよいことにすると自由度が増して「サッカーのボールをけってくるくるくるん」とか、「おなべをみがいてつるつるつるん」とか、様々な表現を引き出すことができます。

交流して、色々な友だちと自分の詩を音読し合うことで、意欲も高まり、初めての詩作りを抵抗なく楽しむことができます。

教材作成の手引き

手順① 一行おきにテキストを作り、画像化

（1）別ページに一行おきに「きんぎょのあぶくが…」のフレーズと「ぷくぷくぷくん…」の擬態語のフレーズとを作っておきます。

（2）はさみ→□内をクリックで、「ぷくぷくぷくん」を選択し（ピンクの選択枠）、枠の外からカーソルでドラッグしながら弧を描いて枠の中に入り再び枠の外に出ます。一回ブーメランのように弧を描いて入って出るだけで同じ「ぷくぷくぷくん」のコピーがとれます。

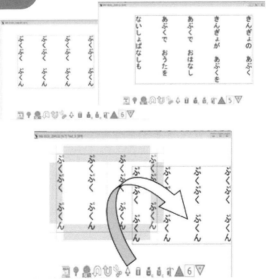

（3）とれたコピーの選択枠の中で右クリック→[テキスト編集]を選び「つるつるつるん」に替えます。同様に、「きらきらきらん」「くるくるくるん」など、児童が身近に感じられそうな擬態語でいくつもの部品を作っておきます。

手順② 透明ページを仕込む

（1）「ぷくぷくぷくん」「きらきらきらん」などの部品がそろいました。

（2）はさみ→クリックで「ぷくぷくぷくん」を選択し、青の選択枠の中に「つるつるつるん」をドラッグして入れます。

（3）すると、右のようなダイヤログが現れるので、[ページ追加（クリック有）]を選びます。

（4）「つるつるつるん」が入り、選択枠の色がピンクになりました。右に残っている元の「つるつるつるん」のテキストは、[はさみ]ボタンをクリックして選択してから[×]をクリックして削除します。

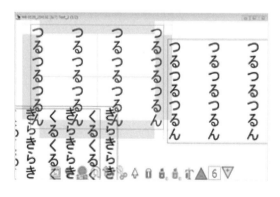

（5）同様に、もとの左上の4行を[はさみ]ボタンをクリックで選択し、その中に「きらきらきらん」をドラッグして[ページ追加(クリック有)]します。

（6）クリックする度に、
「ぷくぷくぷくん」
→「つるつるつるん」
→「きらきらきらん」
→「くるくるくるん」
→「ぷくぷくぷくん」と、文字がかわるようになります。

手順③　一行おきに作ったものを重ねる

（1）[はさみ]ボタンで□内をクリックで、「ぷくぷくぷくん」を選択し（ピンクの選択枠）、「きんぎょのあぶく」を作ってあるページに戻るとコピーが重なります。

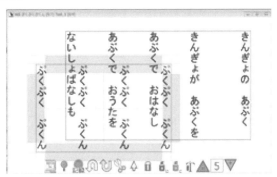

（2）選択した状態なら動かせるので、ちょうど良い位置にもっていきます。左端の手のマークは[×]無し（固定）、二番目の指のマークは[×]有り（操作できる）の状態にしておきます。先のページに残っている「ぷくんぷくん」は、[はさみ]ボタンをクリックで選択し、右端の[×]をクリックして消しておきましょう。

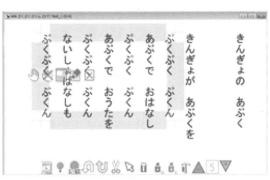

食品のグループ分けをゲーム感覚で

1-1-7 「栄養のバランスを考えよう」

学活（食育）小学校３，４年／家庭小学校５，６年〜
技術・家庭中学校１，２年

本時の目標

食品を体内に取り入れられたおもな栄養素の働きによってグループ分けする。

指導の概要

小学校高学年の家庭科で、食品を栄養素によって６つの食品群に分ける内容がとり扱われています。近年盛んになってきた食育の活動では中学年から食品群を学習している実践例が数多く報告されています。

ここでは、食品をグループ分けする学習ゲームを白板ソフトで作成してみました。タブレットで各自が試してみる、学習のまとめとして話し合いながら全員でやるなど、使い方は色々工夫できます。

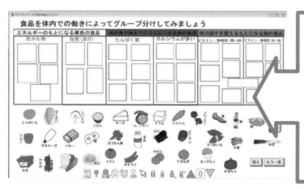

食品をグループの枠にドラッグすると、正解なら表の中にそのまま入り、不正解ならはじかれて元の場所に戻ってしまうように作ってあるソフトです。

グループがあっていればどの□にも入るようになっています。

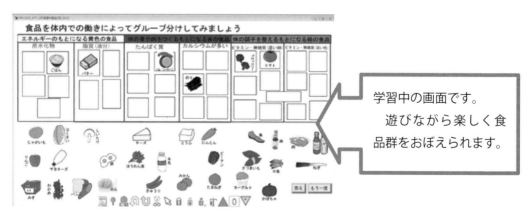

学習中の画面です。
遊びながら楽しく食品群をおぼえられます。

教材作成の手引き

> **手順①** 食品を正解の場所に置き、完成した表をつくる

(1) 表の線をひき（**[ペン・バケツ]** ボタン→鉛筆マークの**[作図]**ボタン）、表に黄、赤、緑のグループ色を置き（**[バケツ]**ボタンで塗りつぶし）、テキストで表に食品名と、学習問題を書きます。

(2) フリーの素材集などを使って画像を別フォルダに集めておき、そこから一つ一つ白板上に画像をドラッグして「部品」として追加します。それぞれにテキストで名前も付けておきます。

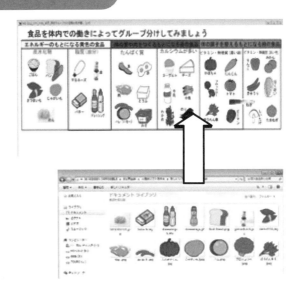

> **手順②** 隠すペンで塗り、ワンタッチで教材作り

(1) 食品名と食品を**[隠す]**ペンで塗ります。絵と文字を囲むようにL字を描けば四角くなります。

(2) この時、同じ食品群（同じ表内）のものは必ず同じ色で塗るようにします。下の場合は、左から薄黄色、薄だいだい、ピンク、あずき色、緑色、薄緑色と6色に塗り分けています。

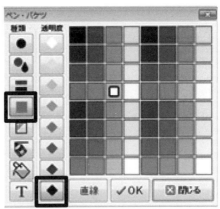

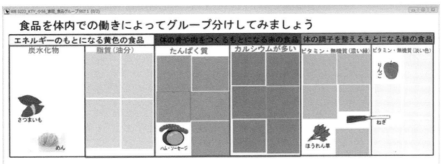

（3）画面下の [ダイアログ]

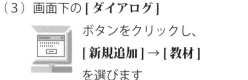

ボタンをクリックし、
[新規追加] → [教材]
を選びます

（4）「教材ページ作成」ダイアログで、上の「穴埋めは黒以外の同じ色で隠したグループを正解とする」にチェックを入れてから、[穴埋め問題1（部品を移動して当てはめます）] をクリックします。

（5）それだけで、図のようなパズル問題ができます。あとは、重なった食品を離して並べ直し、その状態でウィンドウの [×] で閉じようとすると [保存して終了] か [保存しないで終了] か聞いてくるので、[保存して終了] を選んだらでき上がりです。

（6）[答え] ボタン、[もう一度] ボタンがついているので、何度でも楽しめます。タブレットに入れるなどして児童が楽しく学習できます。

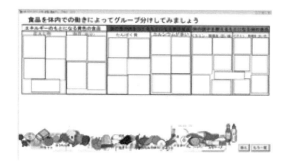

1

楽しい授業を「白板ソフト」でつくる、使う

子どもが撮った写真に音を貼り付けて

1-2-1 「伝えたいことの言い方は」
外国語　小学校　高学年　（Hi Friends1）

本時の目標

ALT（外国語指導助手）との活用で習得した、表現や言い回しを、日頃の学校生活の中で活用し、英語や日本語を覚えたての友達同士でコミュニケーションを楽しんだり、自分の生活や経験から伝えたいことを伝え合う。

指導計画の例（4時間扱い）

	●学習活動	◆教師の支援　▲ICTの活用
第1時	●ウォーミングアップ ● What's this? の言い方を知り、表現に慣れ親しむ。 ●日本語と英語の表現の共通点や相違点に気づき、言葉の面白さを楽しむ。	◆学級内の物について、言い方が確かめられるような教材を用意する。 ▲電子黒板などに提示し、自由に確かめられるようにする。
第2時	●ウォーミングアップ ●学校の中の様子について、友達に紹介したいものを考える。 ●自分が伝えたい物のある場所の写真を撮る。 ●写真の中で伝えたいものをリストアップする。	◆学級内だけでなく、学校の中の様々な場所や物について考える。クラブ・委員会など、自分だけが知っている情報を例としてあげる。 ▲デジタルカメラで、自分が伝えたいものがある場所や物の写真を撮影させる。 ◆児童が撮ってきた写真を共有フォルダなどへ保存し、児童が活用できるように整備する。

第3時	●ウォーミングアップ ●友達に紹介したいものの言い方を調べたり練習したりする。 ●次時に活用する教材を作成する。（実態に応じて） ●教材を試用する。	◆児童や教員、ICT環境の実態に応じて、教員が教材を作成するか、児童が作成するかを決める。それに合わせて、あらかじめ英語の音声を用意したり、ALTへの依頼をしておく。 ▲白板ソフトでの教材の使い方に慣れ親しみ、活用のイメージをもてるようにする。
第4時	●ウォーミングアップ ●友達に自分の知っているものを紹介する。 ●友達同士、伝わったかどうか相互評価する。	◆教材を参考にしながら紹介して良いことを伝え、安心して活動に望めるようにする。 ▲「白板ソフト」で作成した教材を活用しながら、コミュニケーションを図る。 ◆互いの紹介の仕方の良いところを評価する。

教材活用ポイント

「白板ソフト」の音声を組み込む機能や、透明ボタンを作る機能を活かし、実際の学校生活の場にあるものの表現を、児童個々で確かめられるような環境を提供する。授業で習得した外国語・日本語での会話・表現や言い回しを活用する学習活動が、無理なく展開できるように支援する。

豆知識

画面に音声を組み込むためには、作成時に録音したり、あらかじめ素材を用意したりする必要があります。見えるボタンであれば、手軽にサウンドを組み込むことができます。
（手順①で解説）

楽しい授業を「白板ソフト」でつくる、使う

見えるボタンも、見えないボタンも作ることができる

学習活動の設定により、音声を組み込んだボタンがどこにあるか、分かった方がいい場合と、分からない方がいい場合があります。学習の初期段階では、ボタンが見えていた方が、気付きや、それを確かめたいという意欲の喚起につながります。また、ある程度学習が進んでいくと、「他にも何かあるかな？」など、児童自身の探究的な意欲に応えるために、ボタンを見えないようにして、活動の展開を様々に演出することが可能となります。また、児童のリクエストに応じて音声教材を追加することも出てくるかもしれません。

※薄く見える枠が、透明ボタンを組み込んだ場所です。
（実行時には、この枠は見えません。）

豆知識
音声が組み込まれていることを見せないようにするには、透明ボタンを活用します。見えるボタンとは異なり、多少の手間と設定が必要ですが、手順を把握することで、すぐに組み込むことができます。
（手順②で解説）

ニーズに応じて、音声を手軽に追加できる。

音声や動画を簡単に取り込めるので、その柔軟性を活かした教材が手軽に作れます。また活動のニーズに応じて、活動しているその場で音声を録音して、ボタンを追加することも可能です。

教材作成の手引き

手順① 見える音声ボタンの作成

（1）操作ボタンの中から、[ダイアログ]ボタンをクリックします。

（2）ダイアログから、[新規追加]ボタンをクリックします。

（3）新規追加の画面から、**[サウンド]** ボタンをクリックします。

（4）表示された画面で、この場で録音する場合は **[録音開始]**、音声素材がある場合には **[ファイルから読み込み]** をクリックします。

（5）表示されたサウンド編集の画面で、**[OK]** ボタンをクリックすると、画面上にサウンドボタンが組み込まれます。ボタンを任意の場所に動かします。

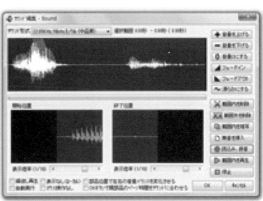

以上で、ボタンをクリックすると音声が再生されるようになります。

手順② 見えない音声ボタンの作成

（1）操作ボタンの中から、どれかの **[ペン・バケツ]** ボタンをクリックします。

（2）見えない音声ボタンを組み込みたい場所に、任意の形を描きます。ここで描いた形が、ボタンをクリックした時に表示されます。例として、黒板上に赤い長方形を描きました。

（3）どれかの [ペン・バケツ] ボタンを 2 回クリックして、[隠すペン] を選択し、透明度を最高に設定し、[OK] をクリックします。先ほど描いた任意の形が隠れるように、L 字で領域を設定します。

（4）すると、先ほど描いた長方形が見えなくなります。これで、[透明] ボタンができました。

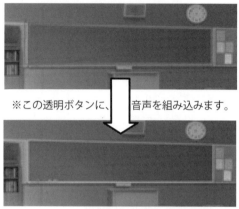

※この透明ボタンに、音声を組み込みます。

（5）[はさみ] ボタンで、[透明] ボタンをクリックし、表示されたポップアップボタンにある [部品ダイアログ] ボタンをクリックします。続けて表示された部品ダイアログの中の、[編集ウィンドウを開く] ボタンをクリックします。

（6）編集ウィンドウが表示されたら、ページを次ページに移動します。次に編集ウィンドウ内の操作ボタンを押し、手順①の (3), (4) と同じ手順を実行します。

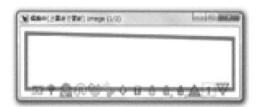

（7）表示されたサウンド編集の画面で、「表示なし(ローカル)」「自動実行」「マウス操作なし」の3項目にチェックを入れ、**[OK]** ボタンをクリックします。

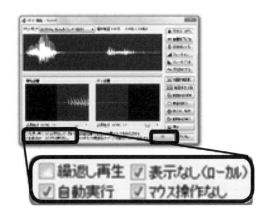

（8）次に、**[はさみ]** ボタンで透明ボタンをクリックした後、さらに右クリックして表示されたメニューから、**[アニメーション設定]** をクリックします。表示されたアニメーション設定ダイアログで、赤枠のマウス操作部分を **[何も行わない]** と **[マウス通過時に次ページを表示]** に設定して、**[閉じる]** ボタンをクリックします。

（9）再度、**[はさみ]** ボタンで **[透明]** ボタンをクリックし、表示されたポップアップボタンの一番左の手のマークの×がないことを確認します。これでボタンの位置が固定されました。

以上で、透明ボタンにマウスカーソルを乗せると、強調する枠が表示され、音声が再生されるようになります。

切って動かし、考えさせる
1-2-2 「面積の色々な求め方」
算数、小学校4年、(東京書籍)

本時の目標

複合図形の面積の求め方には色々な方法があることに気付くことができる。面積の求め方を立式し、自分の考えをもとにさまざまな方法について友だちと話し合うことができる。

指導計画（8時/10時間中）

	●学習活動	◆教師の支援　▲ICTの活用
第8時	●下記のような図形の面積の求め方をくふうして考える。 ●自分の考えをもとに小グループ（3〜4人）で発表し合い、交流する。 ●面積の求め方について、発表し、交流する。 　C：横に切って、2つの長方形に分けてから面積を求め、最後に合わせる。 　C：縦に切って、2つの長方形に分けてから面積を求め、最後に合わせる。 　C：大きい長方形から小さい長方形を引いて求める。 ●それぞれの考え方をわかりやすくするために名前を付けて、どれが合理的で楽な方法か相互評価する。	◆今まで習った長方形の面積の求め方を想起させる。 ▲白板ソフトを使って自分の考えをわかりやすく伝え、式とともに求め方を記録させる。 ▲説明の後、考え方と式はまとめて画像化し、縮小して端に置いておく。 ◆たくさん出た考えのうち、より簡単でわかりやすい考えを価値付けさせる。

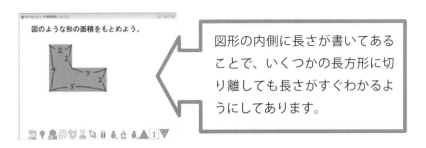

教材活用ポイント

次の説明のために、同じ絵を何枚も仕込んでおきます。大きい図で説明し、式に表して皆が理解できた後は、図と式をまとめて囲み、図形化してから縮小し、白板の画面の上方に考えを並べておきます。そして次の図を取り出し、別の考え方を説明させるといいでしょう。

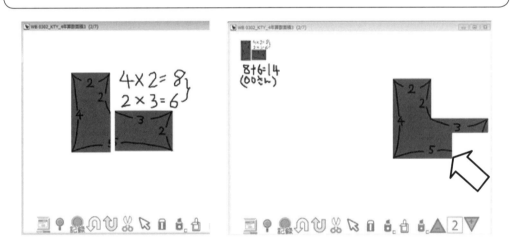

考えを消さずに縮小してならべ、短い言葉でやり方に名前を付ける。

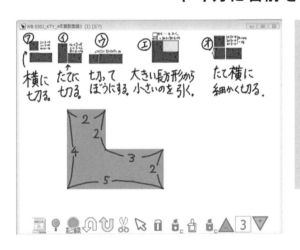

発展

そのほかの複合図形でも同様に考えを出し合い、話し合って交流させてみましょう。

　面積の求め方に名前を付けることで、いろいろな考え方をわかりやすく整理することができます。

視点をもって比べ、考えさせる
1-2-3 「自然を生かした人々のくらし」
（檜原村）
社会、小学校 4 年、（東京都副読本）

本時の目標

山間の小学校と自分たちが通う小学校とで、空から見た学区域の様子や教室の様子を比べ、知りたいことや調べたいことを話し合って課題をつかむ。

指導計画（8時間扱い）

	●学習活動	◆教師の支援　　▲ICTの活用
つかむ	●自分の学区域の写真と檜原村の写真を比べて、山に囲まれた村の生活のようすを想像し、調べたい課題をもつ。（本時）	▲檜原村と自分たちの居住地のGoogle Earth (R) の航空写真を提示する。それぞれ東京都のどこの位置にあるか確認する。 ▲檜原村の小学校の教室と自分たちの小学校の教室とを並べて提示する。 ◆紙のワークシートに気付いたことを記入させる。 ▲白板ソフトで提示した画面を用い気付いたことを話し合わせ共有する。
調べる	●課題ごとにグループを作り、写真資料、インターネット、「わたしたちの檜原村」（現地の児童用副読本）などから調べ、パンフレットを作る。 ＊檜原村の子どもたちの生活と小学校のようす。 ＊檜原村の交通。 ＊役場や病院、福祉センターなどの公共施設。 ＊檜原村の自然と観光。 ＊自然を生かした農業。 ＊工場や産業。	◆調べ学習を進めるための資料を用意する。 ▲インターネットを使って檜原小学校のホームページなどを利用させる。 ▲写真資料は調べやすいうように分類し、サムネイル化しておく。 ◆ワークシートやパンフレット用の枠を用意しておく。
まとめる	●調べた課題ごとに交流し、違いを共有する。	▲ポスターセッション方式で交流するが、必要に応じて書画カメラや電子黒板を使う。

Google Earth (R) などの鳥瞰図を効果的に提示して比べさせるとよいでしょう。

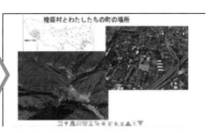

教材活用ポイント

視点を明確にするために、自分の学校の写真と並べて比較させます。
　個々の考えや気付いたことはワークシートに記入させます。この考えを共有し、深める時に白板ソフトで表示された画面上で説明させます。

資料の不足感

「これでは資料の数が足りない。」「先生、もっと他に資料はありませんか。」「もっと他の写真を見て調べたり、インターネットで調べたりしてみたい。」と、意欲をもたせることをねらっています。

　白板ソフトで提示した写真と同じ写真を使ったワークシートに、児童個々の考えを書き込ませます。必要ならば、拡大した写真を班ごとに配布するのもよいでしょう。

　どういう視点で比べたら、どのような違いがあるのかを、を使って発表しながら話し合い、深めていきます。

「白板ソフト」にペンで書き込みながら説明を。

・パイプがなく、木の机といす
・子どもの数が少ない。

説明は、必要な場所を[虫眼鏡]ボタンで拡大しながらさせましょう。
初めは発表時の話型等を必要に応じて指導するとよいでしょう。常にこのような手順で学習することに慣れてくると、児童のプレゼンテーション能力も上がっていきます。

楽しい授業を「白板ソフト」でつくる、使う

個の気付きを白板ソフトで生き生き共有

1-2-4 「もしも地震がきたら」
学級活動、小学校1～3年（防災教育）

本時の目標
学校にいる時や登下校中に大きな地震が来たとき、自分の身を守るためにどうしたらいいかを考える。

指導計画（1時間）

	●学習活動	◆教師の支援　▲ICTの活用
導入	●東日本大震災の時の話を聞く。 ●自分たちの教室で学習中に地震が来たときに、安全のために気をつけなくてはいけないことを考えて、ワークシートに記入する。 ●気付いたことや考えたことを発表し、話し合う。 ●登下校中に地震が起こった時のことも図を見て考え、話し合う。 ●家にいる時や外で遊んでいる時も同様に想像し、まとめの感想を書く。 ●発表し合ってまとめる。	◆授業中に地震が起きた時の具体的な場面を想起させる。 ▲白板ソフトを用い教室で地震が起きた時の絵を提示する。どのような行動が安全か危険か、何に気をつけなくてはいけないか考えさせ、同じ図の載ったワークシートに考えを書かせるようにする。 ▲個の考えを白板ソフト上で共有させ、書き込んで話し合わせる。 ▲登下校中の絵を提示する。

最初に絵を提示する時は大きく出し、次ページでは、絵を小さくして絵の周りに書き込めるように余白を作っておくとよいでしょう。

- **教材活用ポイント**

個の考えを全体の場で発表し、話し合って深めます。全体の考えに練り上げていき共有する授業をすることができます。

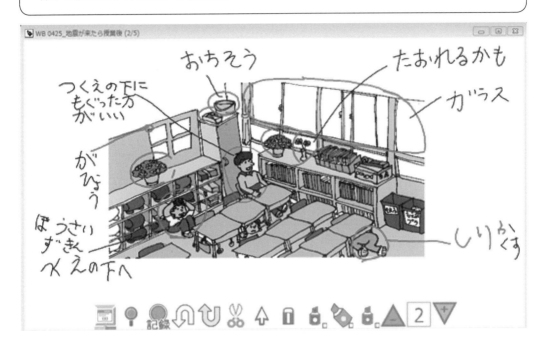

同じ手法を用いれば、個から全体へ考えを深める授業に応用できます

フォルダからドラッグ＆ドロップで簡単に貼り付けられます。

ワークシートと白板ソフト利用の組み合わせで個の考えを出してから全体で共有する授業展開は、他学年・他教科でも使えます。

理科の生物教材や、水の三態変化などでも。また、社会科の歴史や産業の授業でも。

うごくパネルシアターで、子どもと息を合わせて
1-2-5 「すうじのうた」
保育園　0〜5歳児

主活動の目標

友達や保育者と一緒に歌う楽しさを知る。映像を通して「すうじのうた」のイメージを膨らませる。

指導の概要

	●子どもの活動	◆職員の支援　　▲ICTの活用
0分	●排泄、水分補給を済ませて集まる。	◆子どもの座る位置をビニールテープ等で示しておき、一人一人が考えて座れるように指示しておく。PC・プログラムは立ち上げておく。
3分	●保育者と声を合わせて1から10までの数を数える。	◆数字に魔法がかかり、数字が色々なものに変化しますなど、子どもの期待を高められるような言葉がけをする。 ▲プロジェクターにプログラムの最初の画面を映す。
7分	●「すうじのうた」を見る（1回目）	◆保育者が「すうじのうた」をゆっくり明瞭に歌いながら、プログラムを進めていく。 ◆指をさして、絵の中のどこに数字があるのか分かるようにする。 ◆歌い終わった後、1から10まで再度ゆっくり見て、どこに数字が入っていたのか、どういう歌詞だったのか一緒に確認する。
3分	●「すうじのうた」を見る（2回目）	◆保育者の歌に合わせて一緒に歌うように伝える。 ◆楽しく歌えるように身振り手振りを加えて歌う。
3分	●保育者の話を聞く	・色々なものに数字が隠れていたことを伝える ・1から10の数字以外にもどんな数字が隠れているのか探してみるなど、数字に興味を持てるような言葉がけをする。

教材活用ポイント

音声は貼り付けず、保育者の歌声で歌います。子どもが細かい部分に気を取られず、本当に伝えたい部分に集中できるようにシンプルな手描きの絵にしました。保育者が子どもたちのテンポに合わせて一緒に歌っていくことが大切です。

乳児のうちは、保育者が考えた擬音を歌うことが多いですが、幼児になるとその絵からどんな音がするのか、考える力が少しずつ身について来ます。一つ一つの絵を子どもたちに見せ、どんな音がするのか考える活動に、発展させることもできます。子どもたちの発想を大切にし、引き出せるようにします。

「すうじのうた」を歌う活動の時、主に幼児は楽しそうに歌い、乳児は体を揺すって楽しそう

ICT でできることと、あえてしないこと

CDだと確実な音程は取れますが、子どもの年齢や発達に合わせて歌の速さを変えることができません。5歳が歌える速さと2歳が歌える速さは全く異なります。

人の音感は乳幼児期に基礎が作られるため、乳幼児期から生の音楽や正しい音に触れることは大切です。耳の良さや豊かな音感を育むためにも、ピアノの伴奏や保育者が正確な音程で歌うことを大切にしたいと思います。

にします。1から10までの数字が色々なものに変化していくのも子どもにとって面白く感じるようです。また「ガチャガチャ」「ガーガー」などの擬音も、子どもは身振り手振りを真似しながら楽しみます。

実際に、「すうじのうた」を覚えた後、子どもたちが散歩中や保育園内など様々なところで数字を見ると、「3は あかちゃんの みみ」「5は おうちの かぎ」など、歌の中に出てくる数字から物を思い出し、数字に興味を示していました。また反対に、「おつきさまは まんまるだったから すうじの0だったよ」と物を見て、数字を連想している姿もみられました。

教材作成の手引き

手順①　テキストの作成とアニメーション

（1）テキストは、描画機能（ペン・バケツ）のテキストボタンを使用します。[ペン・バケツ]ボタン内の[テキスト]ボタンを選択します。背景は一番上の透明を選択します。文字色は好きな色を選択します。

（2）このテキストを部品として選択したまま次のページに進みます。部品を選択したまま

だと同じ部品が次のページにも配置されます。次ページでテキストを動かし画面の左上に縮めます。前のページから進めるとなめらかに動きが付いています。

（3）次のページでも同様に「すうじの△はなぁに？」を描き、部品を選択して次ページに進んでから位置を変え、アニメーションをつくります。

（4）1から10まで一つの数につき2ページずつ、「すうじの△はなぁに？」のアニメーションができました。

手順② それぞれの数字に対応するかくれた絵を描く。

（1）イラスト部分はマウスを使用して手書きで書きました。

（2）線の描き方
[ペン・バケツ] ボタン内の [作図] ボタンを選択し、形状は太い線を選択します。色は好きな色を選択します。（[コネクタ] は選択解除にしておきます）

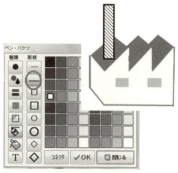

（3）色の塗り方
[ペン・バケツ] ボタン内の [バケツ] ボタンを選択し、形状は一番上の点を選択します。色は好きな色を選択します。

（4）自由線の描き方
[ペン・バケツ] 内の [マーカー] ボタンを選択し、形状は好きな太さを選択します。色は好きな色を選択します。

(5) 数字が表れる透明ページの作り方
まず、もとの絵と離れた場所に数字の1を書きます。自由線でサイズは一番太くまたは2番目に太くにします。

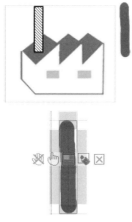

(6) はさみで太い1だけ切り取り選択すると右図のような操作マークが出るので、真ん中の
[部品ダイアログ]
を選びます。

(7) 右のような部品ダイアログが出るので、一番下の **[透明ページ]** を選びます。すると、クリックで1が消えたり現れたりするようになります。

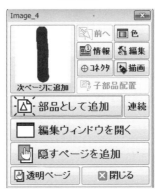

(8) **[はさみ]** ボタンをクリックして工場の絵を選択し、絵の中に先ほどの透明ページをドラッグして **[子部品として追加]** にします。数字の1を都合よい場所に置き、固定で操作あり（左端の移動の手のマークが **[×]** の無い状態、左から2番目の指差しのマークが **[×]** のある状態）

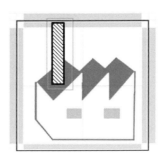

にします。工場の絵は動かしたくないのでやはり固定（左端の手のマークが **[×]** の無い状態）にします。

(9) 絵の外に残っている元の1は選択して **[×]** で消します。これで指マークの出るところ（透明ページの仕込んである場所）をクリックすると、仕込んだ1が出るようになります。

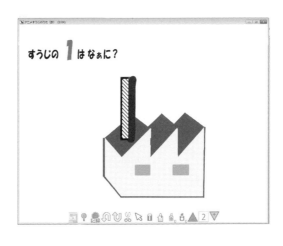

円の面積の求め方

1-3-1 「いろいろな形の面積」

算数、小学校 6年、（学校図書）

本時の目標

今までに学習した図形に等積変形することで、円の面積の求め方を考え、円の面積を求める。また、長方形に等積変形して、円の面積を求める公式を導き出す。

指導の概要（第2時）

●学習活動	◆教師の支援　　▲評価
	円の面積の求め方を考えよう
●円を半径で18等分、または36等分したおうぎ形を、面積の求め方を知っている形に並べ替え、面積を求める。 ●円を半径で4、8、18、36等分したおうぎ形を、細かく等分すると長方形に等積変形していくデジタル教材を元に、円の面積を求める公式を導き出す。	◆既習の図形と面積の求め方を思い出させる。 ▲円の面積を、既習の図形に変形したりして、工夫して求めようとしている。 ◆デジタル教材を大型テレビまたはタブレット等に表示して、児童が考えたり、気付いたりするのを支援する。 ◆段々と長方形に近づいてくことに気付かせる。 ◆赤色の円周が長方形の横の辺になり、黒色の半径が縦の辺になることに気付かせる。 ◆長方形の面積＝縦×横　を思い出させる。 　縦＝黒い辺＝円の半径 　横＝赤い辺の2分の1＝円周の2分の1 　　　　　になることに気付かせる。 ◆円周＝直径×3.14　であることを思い出させ、 　横＝赤い辺の2分の1＝円周の2分の1 　　　＝直径×3.14の2分の1 　　　　　となることに気付かせる。 ◆長方形の面積＝縦×横＝半径×直径×3.14÷2 　　　　　　　　　＝半径×半径×2×3.14÷2 　　　　　　　　　＝半径×半径×3.14 　　　　　　となることに気付かせる。 ▲等積変形の考えを用いて、長方形の求積公式を用いて円の求積公式を導き出している。

教材活用ポイント

アニメーションは便利です。でも、授業中に動きを止めて注目して欲しいこともあります。ここでは、平行四辺形に似ている事に注目して欲しいと考え、青線で書き込みをしました。白板ソフトでは文字でも線でも、授業の進行状況に応じて画面の中に書き込みができます。

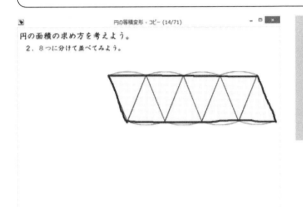

豆知識
出来上がった教材は WMV 形式等の動画や exe ファイルに書き出せるので、白板ソフト上でなくても実行することができます。

1 枚の画像を用意するだけでアニメが作れます

円の長方形への等積変形を扱ったこのデジタル教材では、扇形を正確に組み合わせて円を作ること、扇形を正確に移動させて組み合わせることが必要です。白板ソフトでは円に組み合わせている扇形と移動先の扇形を用意しそれぞれの扇形の位置を数値で決めるだけで、移動していく間の扇形を作らなくてもアニメーションができあがります。そのため、36 枚もの扇形を使った等積変形のアニメーションでも比較的容易に作ることができるのです。

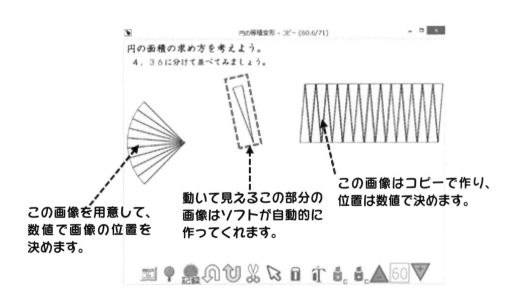

教材作成の手引き

手順① 画像を用意する

(1)「360度」「90度」「45度」「20度」「10度」の画像を用意しました。「半径」は同じに揃え、「角度」は正確にする必要があります。画像の外側を透明にして、png形式で作ることができればなお良いと思います。もし、画像の回転の中心を指定することができるならば、円では図形の中心を回転の中心に指定して下さい。扇形では、扇形の先端を回転の中心に指定して下さい。使い慣れた画像ソフトで画像をご用意下さい。

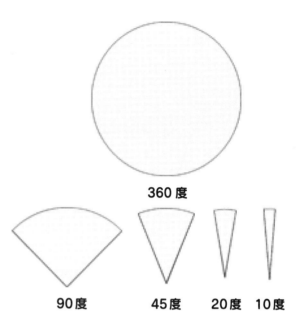

手順② 画面サイズを決めて、新規ファイルを作る

(1) 白板ソフトで教材を作る場合、新規ファイルを作る必要があります。後から、変更することもできますが、その時「画像サイズ」も適切なものに設定しておいた方が教材作りが楽です。適切な画像サイズとは最終的に児童に見せようと思っている提示装置の画像サイズです。例えば大型テレビで児童に見せようと思っているならば、大型テレビの画像サイズです。タブレットPCで見せようと思っているならば、タブレットPCの画像サイズです。これが適切でないと図形が歪んでしまいます。円も楕円になってしまいます。

（2）前回、「白板ソフト」を使って、**[保存して、終了]** した場合は前回使ったファイルが白板ソフト起動時に表示されます。**[保存なしで、終了]** した場合は新規ファイルが表示されます。「新規ファイル」の「画像サイズ」が適切な場合は直ぐに作り始めることができます。「画像サイズ」の確認と設定は **[ダイアログ]** → **[設定]** → **[基本設定]** →「画像サイズ」とたどることで行えます。

「画像サイズ」が希望のサイズでなかった場合には「画像サイズ」の右端のマークをクリックするとプルダウンメニューが表示されるので適切なものを選んで、**[OK]** ボタンをクリックして下さい。

[確認] のダイアログが出るので、**[はい]** をクリックすると「画像サイズ」が変わります。

（3）前回使ったファイルが白板ソフト起動時に表示された場合は、**[ダイアログ]** ボタン→ **[新規追加]** → **[新規]** →「新しいボードを作成」と進み、適切な画像サイズを選んで **[OK]** ボタンをクリックして新規ファイルを作成して下さい。

> **手順 ③** 教材を作る　新規ファイルが作れたら早速教材作りを始めます。

（1）**0 ページを作ろう。**

まず、文字を入れましょう。

Ctrl + Enter キー（コントロールキーとエンターキーを同時に押すこと）で文字入力をするためのダイアログが開きます。ダイアログでは文字サイズ、書体、文字色等の指定ができます。

文字サイズ：25、書体：HG 教科書体、文字色：黒、太字（B）で「円の面積の求め方を考えよう。」と入力し、**[OK]** ボタンを押して下さい。

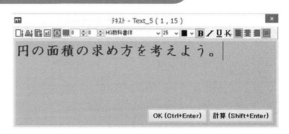

文字が選択された状態で画面に表示されるので、マウスでドラッグする等して、左上に移動して、選択を解除して下さい。

（2）**円を表示する**

1）用意しておいた円の画像をフォルダやデスクトップから白板ソフトの「0 ページ」にドラッグ＆ドロップして下さい。右のようなダイアログが開くので、「外側を透明」にチェックを入れて **[部品として追加]** をクリックします。「外側を透明」にチェックを入れると画像が重なった時などに、外側の部分が他の画像を隠してしまうなどの、不自然な感じがなくなります。

2）**[部品として追加]** をクリックすると円が 0 ページの部品として追加され円の画像が選択された状態で表示されます。

マウスでドラッグする等して、左の少し下よりに移動します。

3）円が選択された状態で「マウスの右ボタンを押したまま部品の

上に移動し、放す」と右の図のようなメニューが表示されるので**[部品情報ウィンドウ]**をクリックします。

4）「部品情報ウィンドウ」が開いたら表示位置を正確にするために部品の中心の位置を
$\begin{bmatrix} \text{X座標：-308.0 } \text{Y座標：-16} \\ \text{部品の横、縦 } 370 \end{bmatrix}$
に数値で指定して下さい。

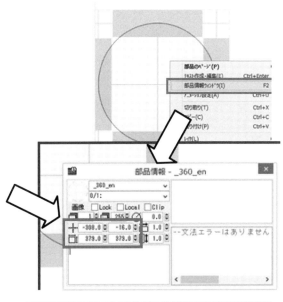

5）作業を終わるとおおよそ右の図のようになります。「円の面積の求め方を考えよう。」と「円」が、動かないように設定します。

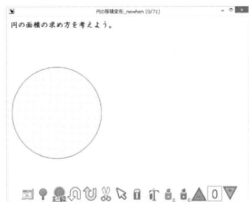

動く状態

動かない状態

手順④　4分割して並べよう（1～5ページ）

（1）「円の面積の求め方を考えよう。」を1ページにも表示します。テキストとして打ち込むことも、0ページの文字をコピーすることもできますが、動かないように同一位置に表示するためには数値で位置を決める必要があります。それは手数がかかるので、0ページの文字をリンクした状態で動かさないようにコピーします。

「マウスの左ボタンを押したまま0ページの文字の上に移動し放す」と図のように選択された状態になります。

選択した状態で、0ページの右下のページを進めるボタンをクリックすると文字が選択された状態のまま1ページに進みます。

進んだら、選択画像を動かさないようにページ内の空いているところを左クリックします。すると、選択が解除されます。これで、同じ位置にコピー完了です。

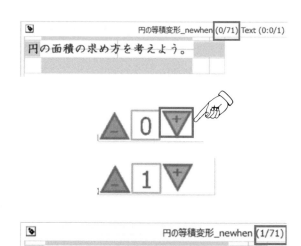

(2)「1．4つに分けて並べてみよう。」の文字を1ページに表示するには、【手順③】で説明したように Ctrl + Enter キーで文字入力をするためのテキストダイアログが開きます。テキストダイアログでは文字サイズ、書体、文字色等の指定ができます。

文字サイズ：20、書体：HG教科書体、文字色：黒と赤、太字（B）で「1．4つに分けて並べてみよう。」と入力し、**[OK]** ボタンを押して下さい。

(3) 90度の扇形を1ページに表示します。用意して置いた扇形の画像をフォルダやデスクトップから白板ソフトの「1ページ」にドラッグ＆ドロップしてます。右のようなダイアログが開くので、「外側を透明」にチェックを入れて **[部品として追加]** をクリックします。

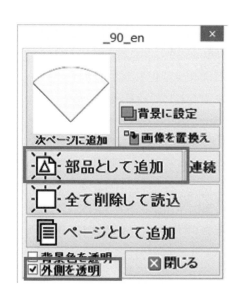

（4）**[部品として追加]** をクリックすると扇形が1ページの部品として追加され、扇形の画像が選択された状態で表示されます。

（5）円が選択された状態で「マウスの右ボタンを押したまま部品の上に移動し、放す」と右の図のようなメニューが表示されます。**[部品情報ウィンドウ]** をクリックします。

（6）**[部品情報ウィンドウ]** が開いたら表示位置を正確にするために
　［部品の回転：0.0］
　部品の中心の位置を
　［X 座標：-308.0　Y 座標：78.0］
　［部品の横：269.0　縦：190.0］
　に数値で指定して下さい。

（7）残りの扇形を表示するには、最初に表示した扇形を（5）で行ったように「マウスの右ボタンを押したまま部品の上に移動して放し」右の図のようなメニューが表示されたら、コピーし、3回貼り付けて扇形を4つにします。
　　[部品情報ウィンドウ] を開いて、残りの3つに適切な値を入力すれば4分割された円が表示できます。

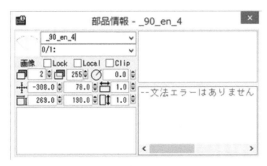

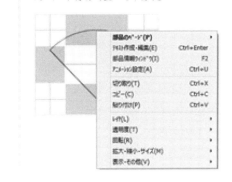

〈左の扇形〉
　［部品の回転：90.0
　　X 座標：-401.0　Y 座標：-16.0］

〈右の扇形〉
　［部品の回転：-90.0
　　X 座標：-213.0　Y 座標：-16.0］

〈下の扇形〉
　［部品の回転：180.0
　　X 座標：-308.0　Y 座標：-111.0］

（8）次は、扇形が移動するようにします。1ページが出来上がったら右下の**[ページ番号]**を左クリックします。「ページ一覧」が開きます。1ページが青く囲まれた状態で、**[複写]**ボタンを左クリックします。すると、1ページが複写されて2ページができます。

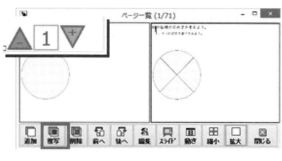

（9）2ページで右の扇形を選択し、部品情報を開いて、部品の角度、X座標、Y座標を変更します。

<右の扇形>

$\begin{bmatrix} 部品の回転：-180.0 \\ X座標：360.0 \quad Y座標：108.0 \end{bmatrix}$

にします。

右の扇形を移動したら、2ページは完成です。2ページを複写して3ページを作ります。

<上の扇形>

$\begin{bmatrix} 部品の回転：0.0 \\ X座標：227.0 \quad Y座標：163.0 \end{bmatrix}$

にします。

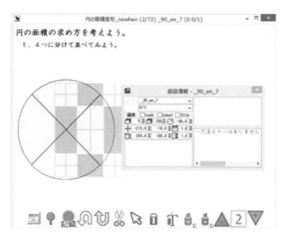

3ページが完成したら、3ページを複写して4ページを作ります。

<下の扇形>

　部品の回転：-180.0

　X座標：94.0　Y座標：108.0

にします。

4ページが完成したら、4ページを複写して5ページを作ります。

<左の扇形>

$\begin{bmatrix} 部品の回転：0.0 \\ X座標：-41.0 \quad Y座標：163.0 \end{bmatrix}$

にします。

以上で、円の4分割と移動の画面は完成です。

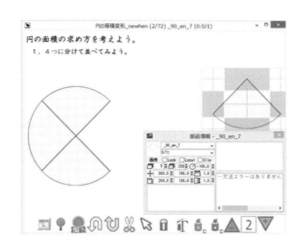

手順⑤ 8分割して並べよう（6～14ページ）

(1) 6ページを作ります。後ろにページが無ければ、[×]を左クリックするだけで6ページが作られます。後ろにページが有っても、[5]を左クリックして[ページ一覧]を表示し、[追加]ボタンを左クリックすれば新しい6ページが作られます。

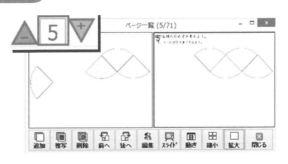

(2) 「円の面積の求め方を考えよう。」を6ページにも表示します。【手順④】(1)と同様の方法で5ページの文字をリンクした状態で動かさないようにコピーします。「2．8つに分けて並べてみよう。」の文字を6ページに表示するには、【手順④】(2)でも説明したように Ctrl + Enter キーで文字入力をすると開き、文字サイズ：20、書体：HG教科書体、文字色：黒と赤、太字（B）で「2．8つに分けて並べてみよう。」と入力し、[OK]ボタンを押します。

(3) 6ページに円を8分割した画像を表示するには【手順④】(3)～(7)に説明したと同じように作業をします。前と異なるのは元になる画像が45度の扇形になることと、部品の回転、X座標、Y座標に入力する値です。提供する画像を使って教材を作成される場合は、実際の教材を見て数値を確認されるのが良いでしょう。自作の画像を使われる場合にも参考になるとは思いますが、画像の大きさ等が異なってきますので、そのままでは使えません。

(4) 扇形が移動するようになるための作業も【手順④】(8)～(9)と同様です。部品の回転、X座標、Y座標に入力する値は違ってきます。提供する画像を使って教材を作成される場合は実際の教材を見て数値を確認されるのが良いでしょう。自作の画像を使われる場合にも参考になるとは思いますが、画像の大きさ等が異なってきますので、そのままでは使えません。

手順⑥ 18分割、36分割のページを作る手順

18分割（15～33ページ）、36分割（34～70ページ）のページを作る手順は4分割や8分割のページを作る手順と同じです。

① 新しいページを作り、文字を表示する。
② 扇形（18分割は20度、36分割は10度）を使って円を作る。コピーした部品の「部品情報」を開いて、部品の回転、X座標、Y座標に入力する値を変えることで円にする手順も同じです。
③ 扇形が移動するページを作る手順も同じです。違ってくるのは扇形の画像が細かくなり、数も多くなるので位置合わせがし難くなることです。そこで扇形の中心を扇形の真ん中から扇形の先端に変え、位置合わせを容易にします。その手順を以下に説明します。

（1）扇形を外側を透明にして、部品として追加します。

（2）選択した状態で表示されたら

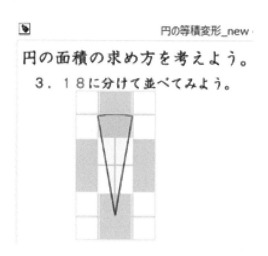

（3）部品情報を開いて横、縦をメモします。

（4）[ダイアログ] → [新規追加]

（5）[新規]

（6）新しいボードの作成でカスタム設定を選択し [OK] をクリックする。

（7）「画面サイズ調整」が開いたら、メモした横の値を「幅」に、縦×2の値を高さに入力し、**[OK]** をクリックする。

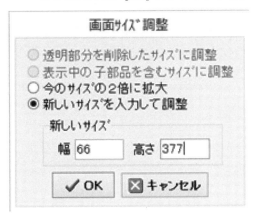

（8）下の画面が開くので **[OK]** をクリックする。

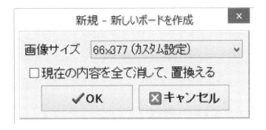

（9）指定したサイズのグリッド線のないボードが開くので設定ダイアログを開いて表示します。15ページの扇形をコピーし貼り付けます。部品の選択を解除し、ページ全体をコピーします。

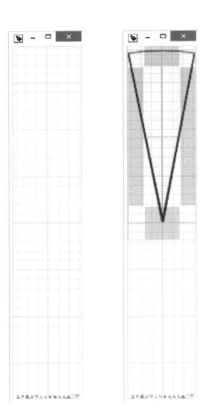

（10）15ページに戻り、貼り付けると扇形が表示されます。表示された扇形の大きさ は変わりませんが、空白の部分も含めると縦が2倍になり、回転の中心が扇形の先端に変わっていることが分かります。

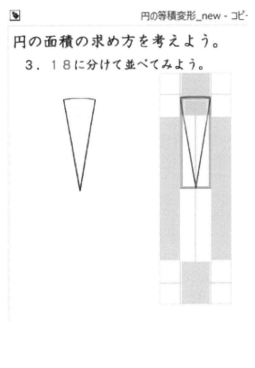

小学校からプログラミング教育

1-3-2 「『白板ソフト』を使ってプログラミングをしてみよう」
総合的な学習の時間、小学校5〜6年

本時の目標

説明に従って敷き詰め問題を作ったり、自分で考えて部品を動かしたりすることを通して、部品をマウスだけで回転や移動の動作をさせ、簡単なゲームを作る方法、考え方を身につけさせる。

指導の概要

●学習活動	◆教師の支援　▲評価
●本時の学習のめあてを知る。 ●白板ソフトを起動する。 ●あたらしいページを作る。	▲配布したプリントの学習のめあてを線で囲めたか。 ◆やり方を忘れてしまった児童には、道具ボタンの説明の入った図を見せる。
●説明や操作を通して、クリック、ドラッグ等で四角形を回転させたり移動させたりして、隙間無く並べるゲームを作る。 　①四角形を描く。 　②部品として貼り付ける。 　③保存した部品から90度，180度，270度回転した図形を作り、部品として貼り付ける。 　④最初に作った画像に90度、180度、270度回転した図形から作った部品を部品上にドラッグしてページ追加（クリック有）ボタンをクリックする。 　⑤動作を確認し、保存する。 ●部品に対するクリック、ドラッグ等で回転や移動する動きを活かした、自分で考えた簡単なゲームを作る。 　①自分で考えた部品を描く。 　②部品として配置する。 　②部品に動きを付ける。 　③動作を確認し、保存する。	◆回転させた図形→前面に描画→切り取って画像→背景を透明にして部品化の手順を明確におさえる。 ▲作った作品を評価する。 ▲部品に対するクリック、ドラッグ等で回転や移動する動きを活かしたゲームが作れたか作品を評価する。 ◆早くできた児童にはもう一つ作品を作るように促す。 ◆時間が許せば、作品の紹介をする。
●本日の学習の感想をプリントに書く。 ●白板ソフトを終了させ、本時のまとめを聞く。 ●パソコン、タブレットパソコンをシャットダウンする。	◆PC、タブレットPCのシャットダウンを確認する。

教材活用ポイント

下の敷き詰め問題の例でいうと、4つの作業で四角形を左クリックした時に回転をさせられるようになります。子どもたちはコンピュータで絵を描くことが好きです。また、描いた絵を動かすことも好きです。白板ソフトを使ったプログラミング教育でそんな子どもの気持ちを充たしてあげることができます。それによってコンピュータを創造の道具として使う楽しさを体験させることができます。

部品をクリックやドラッグで動かすゲームを作ろう。

豆知識

部品情報を見るとその図形の傾き、画面上の位置、縦横の大きさ、拡大・縮小率などが分かります。とても便利な機能なので、開き方を覚えておきましょう。

本格的なプログラミング教育の導入としても使えます。

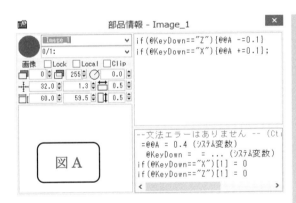

図A

Zを押すと左に滑らかに回転
Xを押すと右に滑らかに回転

回転を与える部品

図Aのように「回転を与える部品」を作り、その部品に2行程度の簡単なプログラムを書くことで、ZやXキーを叩くと部品を左右に滑らかに回転させられるようになります。作成した部品を四角形の中に子部品として入れると、四角形も同じように左右に回転するようになります。部品の動きがプログラムによって作り出されていることに気付かせることでプログラム学習の導入に使えます。

教材作成の手引き

手順① 図形を描く

教材作成の手順の1番目は、マウスでクリックすると回転したりドラッグしたりする図形を描く作業です。図形を描くには外部の図形描画ソフトを使う方法と白板ソフトの図形描画機能を使う方法があります。

A．外部の図形描画ソフトを使う方法

（1）使い慣れた描画ソフトで四角形を描き jpg か png 形式で保存します。できれば、背景を透明にして png 形式で保存してます。どちらの保存形式でも、回転の中心が図形の中心になるようにします。

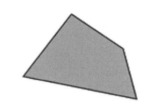

（2）外部の図形描画ソフトを使う方法では、白板ソフトへの図形の取り込み（部品化）という作業が追加されます。デスクトップあるいはフォルダから図形を白板ソフトのページにドラッグすると、右の図のようなダイアログが開きます。「外側を透明」にチェックを入れ、**[部品として追加]** をクリックします。

（3）右の図のように、選択された状態で部品が追加されます。白板ソフトのページ内をクリックして選択を解除して下さい。これで部品として登録されました。

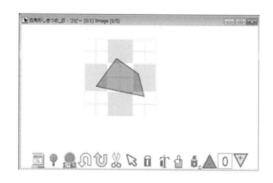

B．白板ソフトの図形描画機能を使う方法

（1）白板ソフトの描画機能を使うにはペンを選ぶ必要があります。ペンがまっすぐに立っている時はそのペンが選ばれていません。左ク

選択されていない　　選択されている（傾く）

リックしてペンが選ばれると左に
傾きます。傾いたアイコンをもう
1回左クリックします。右のよう
なダイアログが開きます。

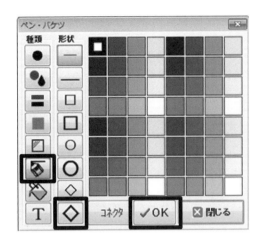

・作図ペン

・連続線

・線の色黒

を選んで [OK] を押します。
ペンのアイコンが
に変わり、

白板ソフトのページにグリッドが
表示されます。

（2）①この頂点から描き始めるとする
ならば、ここで左クリックをします。
次の頂点をここ②にするならば、
ここで左クリックをします。
3つ目の頂点をここ③にするなら
ば、ここで左クリックをします。
4つ目の頂点をここ④にするなら
ば、ここで左クリックをします。
⑤最後に、最初の①の点に戻り、
ダブルクリックすれば四角形がで
きあがります。

①の頂点で左クリックをします。

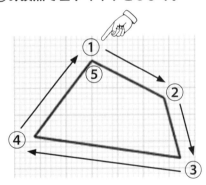

**次の頂点②、③、④と
クリックをくりかえします。
⑤最後に①に戻り、ダブルクリック。**

（3）次に四角形の内側に色を着けます。

　　　ボタンを左クリックして選
択するとグリッドが消えて、ボタ
ンが　　　のように変化します。

マウスを左クリックしたままドラッグしていって、四角形の上で放すと右のようになります。
そこで、
マークを左クリックします。

右の図のようなダイアログが開きます。開いたら
を左クリックします。

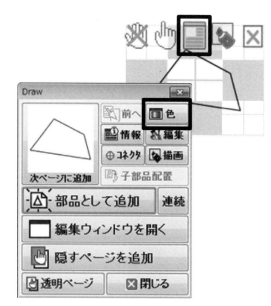

右の図のような色設定のウィンドウが開きます。

・色サンプル
・バケツ
・色
を選択して、**[OK]** を押します。

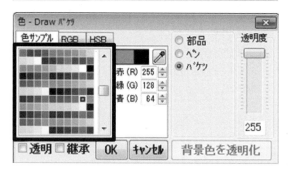

色が着き、選択状態になります。
選択を解除します。
これで基本部品の完成です。

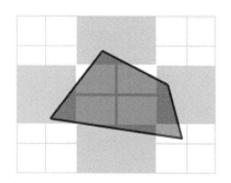

手順② 部品を回転させる

基本部品と 90 度、180 度、270 回転させた部品を組み合わせて回転動作を作ります。

(1) 基本部品を3回コピーし、4つにします。マウスを左クリックしたままドラッグしていって、コピーした四角形の上で放すと左のようになります。

マークを左クリックします。

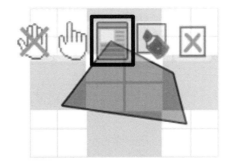

(2) 右の図のようなダイアログが開きます。開いたら
を左クリックします。

(3) 部品情報が開きます。

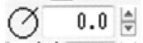

角度の値を 90.0 にします。残りの2つ部品の角度の値を 180、270 にします。

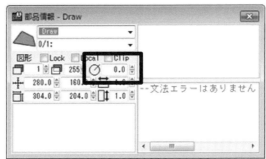

(4) 右のように、4つの図形ができますが、これは表示の方法が変わっただけで、図形そのものが変わったわけではありません。これから、図形そのものを変える作業をします。

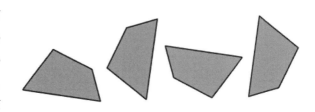

 この図形を

 を選択して囲み、切り抜いて貼り付け直します。

ハサミをマウスで左クリックし、選択すると ハサミが少し傾きます。

そして、図形が青い枠でかこまれます。

その周りをマウスの左ボタンを押したままなぞると、青い線が引けます。

囲み終わって左ボタンを放すと、選択状態になります。コピーして、貼り付けると表示だけでなく図形そのものの角度が変わります。

確かめたい時には、部品情報を開きます。
見た目と同じ回転の図形が見られ、角度が 0.0 になっていれば成功です。
180 度回転、270 度回転させた図形も同じようにして見た目ではなく、図形の回転角度を変更します。
これで、図形の準備は終了です。

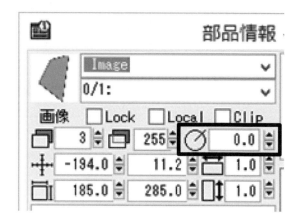

（5）次は部品にページを追加して図形を重ね、マウスで左クリックすると入れ替わるようにします。
最初の図形を選択状態にします。その枠の中に 90 度回転させた図形をドラッグして入れます。最初、少しドラッグした方向に図形が動きますがすぐに戻ります。気にせず、選択されている図形の上で左ボタンを放します。

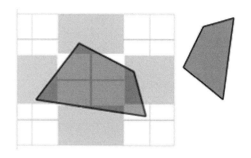

右のようなダイアログが開きます。ダイアログの [**ページ追加 (クリック有)**] ボタンをクリックします。

2ページになった部品の上に3ページ目、4ページ目を同じようにして追加します。

これで、左クリックする度に90度回転して、元に戻る四角形のできあがりです。

（6）次は回転する四角形が拡大、変形など、余計な動きをしないように制限をかける作業です。

部品の選択状態から

 アイコンをクリックします。

すると次のようなダイアログが開きます。

 アイコンをクリックします。

編集ダイアログが開きますので、
[**アニメーション設定**]

 アイコンをクリックします。

アニメーション設定のダイアログが開きます。

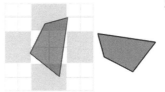

に設定します。
これで設定も終了です。
必要な数だけコピーします。

手順③ プログラミング教育の導入として使うための設定手順

赤丸の部品の内部に書いた簡単なプログラムを見せたり、変更したりすることでプログラミング教育の導入に使います。

（1）右のような画面で、● を長方形にドラッグして入れると、[Z]キーを押すと左に回転し、[X]キーを押すと右に回転するようになります。

（2）赤い丸の絵を描く

【手順①】A.（3）あるいはB.（3）までの手順で回転しない四角形を作成することができます。

● は四角形を描いた時と同じように[ペン・バケツ]ボタン→[作図]ボタンと進んで右のダイアログが開いたら右の①②③をクリックして選択します。マウスでドラッグすると円が描けます。

【手順①】B.（3）と同じ手順で、内側も赤く塗ります。

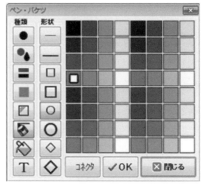

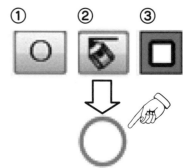

（3）簡単なプログラムを書く。

赤い丸が完成したら、簡単なプログラムを赤い丸の部品の内部に書きます。赤い丸の部品を選択して部品情報ウィンドウを開きます。赤い丸の部品に簡単なプログラムを書く場所は「関係式ウィンドウ」です。プログラムが正しく書けているかどうかを知るには、関係式ウィンドウ内に式を書いた後に、[Ctrl]+[Enter]を押します。

もし誤りがある場合には「関係式ウィンドウ」の下のウィンドウにメッセージが表示されます。関係式ウィンドウに右の式を打ち込

めば終了です。間違いがないか、Ctrl + Enter と打って確認すると、右の図のようになります。回転を与える部品を四角形に組み込みます。

プログラムが入った赤丸の部品 ● を四角形の子部品にすることで組み込みが完了します。子部品にする手順は、四角形を選択してから赤丸の部品をドラッグして行います。最初に、四角形の部品を選択状態にします。そこに、赤丸の部品を選択枠の外からドラッグして選択枠の中で放します。

ダイアログが開きますので、[子部品として追加] をクリックします。四角形の中に赤丸が入り、選択状態になります。

選択を外します。これで赤丸の部品が四角形の部品の子部品になり四角形の部品と同時に動きます。また、赤丸のプログラムにより四角形の部品を動かす事ができます。

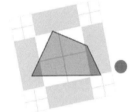

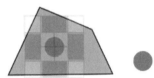

(4) 指示や説明などの文字を表示する
画面上で Ctrl + Enter と打つと、テキスト入力画面が開きます。「 Z を押すと左に滑らかに回転」「 X を押すと右に滑らかに回転」「回転を与える部品」など操作に必要な指示や説明などの表示を打ち込みます。

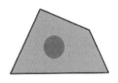

読み上げソフトを使って
1-4-1 「百人一首を覚えよう！」
国語　小学校　中学年～高学年

本時の目標

古来から伝わってきた百人一首に込められた作者の思いを感じながら暗唱し、カルタ遊びができるようにする。また、英語教材としても活用する。

指導の概要（第3時）

	●学習活動	◆白板ソフトの活用　▲ICTの活用
第1時	百人一首を覚えよう！ ●グループ毎に百人一首で遊んでみる。 ●百人一首を覚えることで、より楽しく遊ぶことができることを感じる。 ●百人一首アプリを見ながら、音読を聞いて読み方を覚える。その後、一部を隠して暗唱できるよう挑戦する。 ●百人一首カルタに、再度挑戦！	百人一首カルタで楽しく遊び、興味関心を育てる。 ▲電子黒板やプロジェクターを使いながら、映像と音声で提示できるよう準備する。 ◆白板ソフトの音声読み上げ機能を使いながら漢字の読みを知る。 ◆百人一首アプリを使いながら一部を隠し、暗唱できるよう働きかける。
第2時	●百人一首アプリを使いながら、上の句と下の句を覚える。 ●自分の好きな句を選び、そのカードを暗唱する。 ●クラス全体で百人一首大会を行う。	◆百人一首アプリで上の句だけを見て、下の句を思い出せるよう繰り返し練習をする。 ・百人一首カードを使いながら確認していく。 ・百人一首カードを使いながらカルタ大会を行う。
第3時	●百人一首英語バージョンカルタの読みを聞く。 ●英語版カルタを使い、カルタ大会を行う。	◆百人一首アプリの英語バージョンを聞き、読みを知る。 ◆アプリを使いながら、英語の百人一首の詩を楽しむ。 ・英語版百人一首カードを使いながら楽しむ。

教材活用ポイント

白板ソフトの提示機能や一部を隠す機能を活かし、百人一首を楽しみながら覚えていけるよう働きかけます。また、音声機能を活かし、読み方を覚えます。英語版では、百人一首の英語での表現を楽しみ、音声機能で英語を聞きとる力を育てていきます。

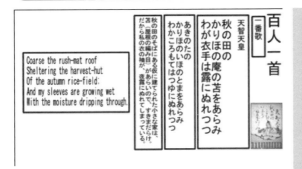

豆知識

縦文字や横文字を入れるためには、選択中のペンをクリックして表示されるペンダイアログからペンの種類の [T] を選び、そのペンで縦に線を引くと縦文字が横に線を書くと横文字が入れられるテキストウィンドウが開きます。

文章の一部を隠したり、提示したりすることが、簡単にできる！

百人一首を覚えやすくするために、白板ソフトの文字の一部を隠したり元に戻す、また小さくしたり、大きくしたりする機能が、容易に活用できます。これは他の国語教材のみならず、全ての教科で活用できる手法です。また音声記録機能を使うと、誰でも容易に音声を利用することができます。百人一首のようなページ数の多い教材を作る場合には、白板ソフトのサムネイル機能「ページ一覧」が大変有効です。

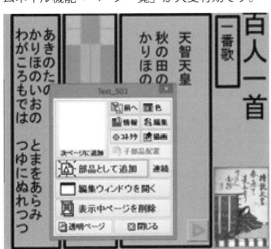

豆知識

文字を隠すのには部品を選択して表示されるポップアップボタンの中央の部品ダイアログボタンで部品ダイアログを表示し、そこの [透明ページ] をクリックすれば見えなくなります。部品を透明にしておく時に使います。またペンの種類を [隠す] ボタンに設定したペンでL字に囲んでも見えなくすることができます。

音声を入れたり、シャッフルすることが簡単にできる！

音声や動画が簡単に取り込むことができるので、それを活かした教材が容易に作れます。クリックすれば音声が出るようしたり、自動的に読み上げる仕組みにもできます。また、ページ順はシャッフルして順番を変えて提示できるので、読み上げをランダムにすることもできます。

自分で作った長方形でしきつめ
1-4-2 「四角形のしきつめ」
算数、5学年

本時の目標

四角形のしきつめを通して、四角形の性質を考える。

指導の概要

3学年では、三角形のしきつめ、そして4学年では、平行四辺形、台形のしきつめの学習をします。5年生では、任意の四角形についてのしきつめを試しました。

通常は、用意された一般的な四角形を複数枚準備して黒板でしきつめを行ったり、教科書の巻末に付録のようにしてついている図形を切り取って児童がしきつめするといった学習活動が行われます。

この学習場面で白板ソフトを利用すると、児童が自分で自由に作った四角形を、白板ソフト上で何枚も複製し、移動、回転をさせることによりしきつめが簡単行えるのです。ここで重要なのは、おしきせの四角形ではなく、児童が自由に考えた四角形をもとにしてリアルタイムでしきつめが行えるということです。

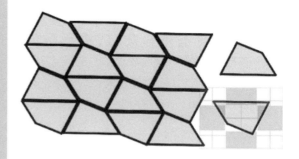

白板ソフトでは、作図ツールを利用することによって、任意の四角形が作図でき、さらに、その四角形の頂点を自由に移動させることによって、四角形を自由に変形させることができます。これによって、凸四角形だけでなく、凹四角形も作成することができます。

教材活用ポイント

自分で考えたいろいろな四角形でしきつめを試すことができます。

できた四角形は、[はさみ]ボタンで選択をした後、オプションの変形をはずして、移動、回転のみできるようにします。その後は四角形を複製し移動と回転を組み合わせていくことによって、白板ソフト上でしきつめの作業が行えるというわけです。

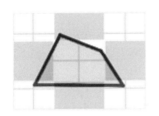

図形の回りの青い四角部分をドラッグすると回転させることができます。また、この状態でマウスを外側から四角形上を通過させて外までドラッグすると図形の複製ができます。

児童にとっては、自分で描いた四角形でしきつめができるわけで、どんな四角形でも同じ形ならしきつめができるということを実感をともなって理解することができるのです。

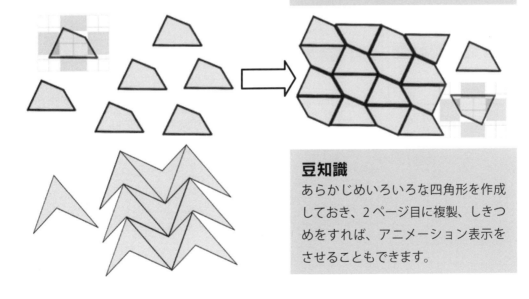

豆知識

あらかじめいろいろな四角形を作成しておき、2ページ目に複製、しきつめをすれば、アニメーション表示をさせることもできます。

画像を自由自在に扱い確認学習を
1-4-3 「こんちゅうを育てよう」
理科、小学校3年、(各社教科書：大日本図書)

本時の目標

学習のまとめの段階でモンシロチョウの育つようすの画像を白板上に表示し、並べかえたり拡大表示したりすることにより、成長の過程を確認する。観察できたこと、できなかったことなど画面を利用して確認し、観察できなかった成長の様子については、静止画・動画によって確認をする。

指導の概要（1時）

JPG画像を部品として読み込んでおくと、それらの画像は自由に位置を変えたり、次のページに送ったりすることができます。ランダムに置かれた画像を成長の順に並べ替えるだけでも学習として効果的です。

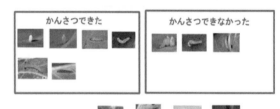

表示されたモンシロチョウの成長画像を、実際に観察できたものと観察できなかったものに分けます。児童に移動させても児童の発言を受けて教師が移動させてもよく、教室の雰囲気などにより自由に学習を進めることができます。

　文字はテキスト入力をしても電子ペンで書いてもよいでしょう。

教材活用ポイント

部品として表示された画像は、コピーや拡大・表示場所の移動などが自由に行えるので、児童の発言や要求に様々な形で答えることができます。

このことにより、自由度の高い授業が実現できるばかりでなく、児童の興味関心を高め、積極的に参加し活発な授業が実現できます。

画像は表示する大きさを自由に変えることや、他の部品画像の前に表示したり後ろに表示したりすることができます。

細部の確認が必要な画像は、児童の目の前でさっと大きくして見せることができます。

文章の一部を隠したり、提示したりすることが、簡単にできる！

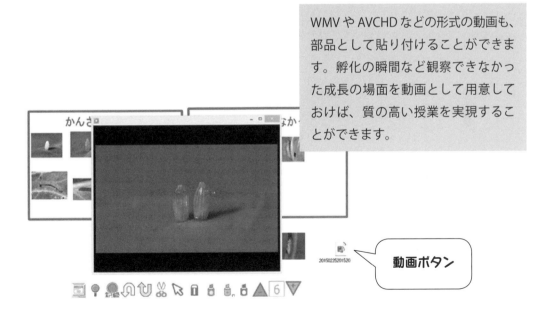

WMVやAVCHDなどの形式の動画も、部品として貼り付けることができます。孵化の瞬間など観察できなかった成長の場面を動画として用意しておけば、質の高い授業を実現することができます。

動画ボタン

切ってみながら考えさせる
1-4-4 「分けた大きさをあらわそう」
国語、小学校 2 年、(東京書籍)

本時の目標

分数を用いると「物」を半分や四半分にした大きさを表せることを知り、日常生活の中で分数を用いる能力を身につけられるようにする。

指導計画（2時間扱い）

	●学習活動	◆教師の支援　▲ICTの活用
第1時	●正方形の紙を半分に折って切り分け、同じ形であることを確かめる。 ●二分の一の意味と書き方を知る。 ●長方形の紙を半分に折って切り、元の大きさの1/2を作る。 ●長方形の紙を半分の半分に折って切り分け、同じ形であることを確かめる。 ●四分の一の意味と書き方を知る。	◆折り紙（正方形）を各自に用意し、作業させる。机間指導で必要な児童には個別指導する。 ▲紙をどう折って切り1/2を作ったか、白板ソフト上で紙を切って説明させる。 ▲長方形でも同様に考えを発表させ共有する。 ▲ノートへの切った形の貼り方と大切な事項の書き方は、白板ソフト上で提示する。
第2時	●テープを8つに折って切った1つ分を八分の一ということを知る。 ●「算数のおはなし」を読み，正方形の紙を折って，元の大きさの1/8を作る。 ●1/4で、凹凸を付けて切り分け、重ねることによって、いろいろな1/4ができることを知り、自分でも作ってみる。 ●丸いピザを1/4や1/8、1/3などに切って色々な分け方について考える。	◆グリッドのついた正方形の紙を使って方法を考えさせる。 ▲1/4の大きさは，元の大きさによって色々あることをテープ、折り紙を並べることで気づかせる。 ▲グリッドのついた正方形を白板上で切り、視覚的に理解を促す。 ◆紙で作った丸いピザを用意しておく。 ▲色々な切り方を白板ソフト上で子供に説明させる。考え方に簡単な名まえをつけ、白板ソフト上で整理して並べる。

子どもが白板ソフト上ではさみで切った図形を動かしながら説明する。

教材活用ポイント

実際に紙を切ったり動かしたりして考えさせます。白板ソフトで説明を聞いているだけでわかったような気にならせることは避けます。何よりも実際に手を動かして一人一人に考えさせることが大切です。

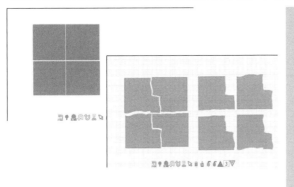

説明を活発にそしてインタラクティブに行わせるために、白板ソフトはとても有効です。

図形を切ったり、動かしたり、回転させたり、重ねたり並べたりしながら説明することができます。

説明した後は、次の説明の邪魔にならないように右図のように縮小して並べておきます。

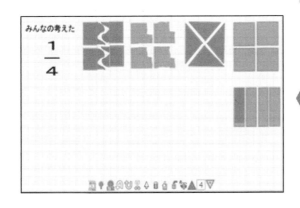

子どもの考えは、はさみで切り取って図形化して縮小し、並べておくとよいでしょう。

子供が考えた方法で、ピザを切りながら説明させる。(発展)

身近な食べ物のピザの4等分や8等分の分け方を試行錯誤しながら考えさせます。

ピザの絵の紙のプリントを一人当たり3～4枚用意しておきます。自分の考えを前に出て説明する時に、実際に白板の上でピザを切って説明させるとよいでしょう。

発展
長方形の3分の1の次は、ピザを3等分する方法を考えさせるのもよいでしょう。

話し合いながら場面絵を並べ替えさせる

1-4-5 「スーホの白い馬」
国語、小学校2年、（光村図書）

本時の目標
全文を読み、挿絵を物語の順番に並べ替えてあらすじをつかむ。

指導計画（3時間/10時間中）

	●学習活動	◆教師の支援　▲ICTの活用
第1時	●モンゴルの自然やくらしについて知る。 ●全文を読む。 ●初発の感想を書く。	▲馬頭琴とモンゴルの草原地帯の自然やくらしのわかる写真を提示し説明する。 ◆児童が物語の世界に入れるように教師が範読をする。 ▲BGMとして馬頭琴の音楽を使う。
第2時・第3時	●あらすじを想起し、話の順番に挿絵を並べる。 ●各自が並べた順に白板上でもならべ、文も合わせて並べる。 ●ノートにあらすじをまとめていく。 ●これからの学習の見通しをもつ。	◆まず、初めの4～5枚を選び出し並べさせる。児童にはタブレットで各自操作させるか、ノートに貼れるサムネイル状の挿絵を配っておく。 ▲話し合いながら、挿絵を並べさせる。 ◆違う意見が出たときは本文に戻り、読みながら修正していくようにさせる。 ▲話の後半の挿絵を話し合いながら並べさせる。

> **教材活用ポイント**
>
> 白板ソフトだけでなく、ノートにも場面絵を入れ替えながらあらすじをまとめていきます。

挿絵は「移動可」にしてあるので、話し合いながら自由に並べたり入れ替えたりできます。

　9枚の挿絵を一度に動かすのが難しい場合は、前半と後半に分けて並べ替えさせるとよいでしょう。

　テキストもかたまりで部品として、動かせるようになっているので、挿絵と同じように動かすことができます。

正しい順番でノートに貼った絵の下に短い言葉であらすじをまとめる。

タブレットパソコンなどを使って並べ替えるだけでなく、絵の順番に合わせてあらすじを考えながらノートに書くことも大切です。

「基礎基本を大切にする姿勢」

タブレットパソコンを使うようになって、「ノートに書くのをやや面倒がる児童が増えた」という報告を聞くことがありますが、ノートに手で書くことは大切です。

　ノートに文字を書くことで考えがまとまり、レイアウトを考えてまとめることで頭の中が整理されます。ICTはあくまでも活用の道具であって、身に付けるべき基礎基本は昔から変わらないと言えるでしょう。

ここで使用した図は、すべて自作で、下絵をサインペンで描きスキャナで取り込んでからコンピュータにあるペイントのソフトで塗り絵をして使いました。作成した図を画像ファイル（bmp、pngなど）で保存してから白板ソフトへファイルをドラッグして **[部品として追加]** ができます。絵本や教科書の挿絵を参考に活用したり、校内の図工担当の教員と連携を取ったりするのもよいでしょう。

「おはなしのくに」NHKのサイトを利用するのもよいでしょう。
http://www.nhk.or.jp/kokugo/ohanashi/?das_id=D0005150141_00000

読み聞かせに合わせて動かす

1-4-6 「ぐみの木と小鳥」

道徳、小学校2年、(文溪堂) 内容項目2の(2) 温かい心, 親切

本時の目標

相手のことを考えて、温かい心をもって親切にしようとする心情を育てる。

指導計画（1時間）

	●学習活動	◆教師の支援　▲ICTの活用
導入	●人に親切にされて嬉しかったことを思い出し、発表する。 ●「ぐみの木と小鳥」の話を読み、話し合う。 ●小鳥の気持ち、りすの気持ちをそれぞれ考えて吹き出しに書き、発表し話し合う。 ●嵐の中、小鳥の葛藤する気持ち、自分を顧みず来てくれた小鳥に対するりすの気持ちを話し合う。 ●自分をふりかえり、教師の話を聞いてまとめる。	◆学校生活の具体的な場面を想起させる。 ▲白板ソフトを使いながら、教師が読み聞かせを行う。内容に合わせて、登場人物を動かす。 ▲板書することと、電子黒板に提示することを効果的に使い分ける。

ぐみの小枝や登場人物は、ドラッグして動かすことができるようになっているので、セリフや話に合わせて動かしながら読むと効果的です。

教材活用ポイント

必要なところにはアニメーションを仕組んでおきます。強い風に負けそうになって小鳥が苦労する場面では、回転や裏返しなどの動きを与えてページ送りだけで簡単に絵が動くようにします。手動で絵を動かすところと、自動的に動くところを組み合わせるとよいでしょう。

重なりのレイヤに気をつけて絵を配置し、効果的に動かしながら読み聞かせをする。

小鳥が近寄って話したり、枝を渡したり、りすが飛び上がって喜んだりする様子を、話に合わせて手動で行います。

りすさん、ぐみの木さんも心配していたよ。早く元気になってね。

わあーい、ことりさん、ありがとう。

パネルシアター的手法で読み聞かせ
1-4-7 「三びきのやぎのがらがらどん」
国語、小学校1～2年、(学校図書)

本時の目標

世界に伝わる民話の読み聞かせを聞くことで楽しい物語の世界に触れる。物語のおもしろさを味わい、次回からは自分でその本を手に取って読もうとする意欲を高める。

指導の概要（1時）

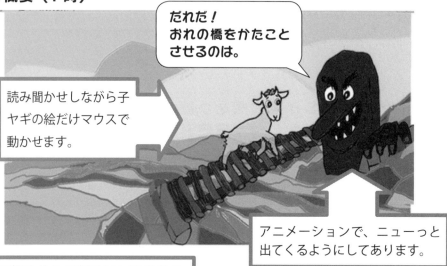

読み聞かせしながら子ヤギの絵だけマウスで動かせます。

だれだ！
おれの橋をかたことさせるのは。

アニメーションで、ニューっと出てくるようにしてあります。

ヤギの顔は体の子部品にしてあるので、体を移動させると一緒についてきますが、顔だけセリフに合わせてマウスで動かすことができます。

物語の本文をよみながら、話の展開に合わせてページをめくります。
　トロルが出てくるところや、ヤギが橋をわたり始めるところの場面は、自動的に動くようアニメーションが仕組んであります。さらに各場面では、[矢印]ボタンで登場人物が動かせるので、読みに合わせて動かしながら生き生きと伝えることができます。

教材活用ポイント

パネルシアター的手法に加えて、白板ソフトでは画像の大きさも簡単に変えられます。次ページで、遠くの山へ無事についた小ヤギを小さいサイズにして草原におくと、アニメーションで自然にサイズと位置が変わり、だんだん遠くへ行くように見せることができます。

豆知識

下の道具ボタンのアイコンは設定で消すことができるので、不要な時は消しておくとよいでしょう。

マウスカーソルを道具ボタンの場所に何秒か停止させると、ペンなどのツールが表れるように設定できます。

うごく絵本で、子どもはお話の世界に入っていく。

読み聞かせは、読書の入門期である低学年にとても有効な読書活動です。

まだ語彙の少ない児童が、大人の表現力のある読み聞かせによってよく理解できるようになる上、次からその本を自分で読んでみようとする意欲が高まります。

透明ページで正解を隠す

1-4-8 「安全な理科実験」
理科、中学校全学年

本時の目標

火を使う実験、酸、アルカリを扱う実験を安全に行うための基礎的事項を学び、理科実験における事故を防止する知識と態度を養う。

指導計画（1時間）

	●学習活動	◆教師の支援　▲ICTの活用
第1時	●実験している図を見て、安全でないところをあげ、その理由を考える。 ●ソフトに仕込んである正解と照らし合わせながら、そのわけを話し合う。 ●ガスバーナーの安全な使い方について確認し、実際にガスバーナーを分解し組み立てた後に、一人一人が点火と消火を練習してみる。 ●安全な理科実験について気を付けなければいけないことをまとめる。	◆火を使って蒸発乾固をしている図の中から危険だと思われる箇所に印をつけ、その理由をノートに書かせる。 ▲理科実験を行う上で危険な箇所は、ペンで×を書いた後でペンの種類を透明ペンに変えて透明にして、クリックすると×が現れるようにしてある。 ▲ガスバーナーを手にする前に、ソフト上でガスの栓、空気調節の栓を開閉することで、ガスと空気の流れを理解させる。 ◆実際にガスバーナーを分解する作業を必ず行わせる。その体験を通して、仕組みの理解が深まり、使い方を身に付けることができる。

危険箇所をクリックすると×が出てくるようにしてあります。

実は、この絵にはたくさんのミニサイズの「透明ページ」が仕込んであって、それぞれ「固定（手のマーク）、操作あり（指のマークに [×]）」にしてあります。危険と思われる図上をクリックすると×が現れます。

教材活用ポイント

ガスバーナーのガス栓の開け閉めと空気の量の調節の仕方を、図を動かしながら理解させます。本物のガスバーナーを手にする前に実物のガスバーナーを分解させる活動を入れて、その仕組みを理解させるとよいでしょう。

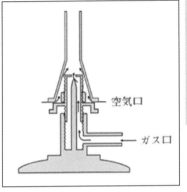

仕組みをしっかり理解してから体験させることで、ガスバーナーが正しく扱えるようになります。

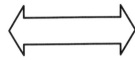

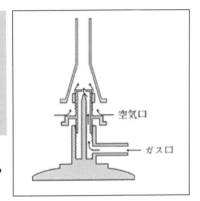

なぜそれが危険なのかを考え話し合うことで理解が深まり、実験を楽しく安全に行おうとする態度を育てることができる。

- 火を扱う実験は、立っています。座って肘をついていては危険です。
- 髪は結んで、薬品や火がかからないようにします。
- ノートは火の隣でなく、別の机で火から離れて記録します。
- 袖が長いと引っかかって危ないです。

楽しい授業を「白板ソフト」でつくる、使う

目を惹くプレゼンスライドを作りませんか
1-4-9 「管理職の三種の神器」
管理職を含めた全学年

― 斬新かつ簡単なプレゼンの作成 ―

「プレゼン」の言葉の背景に、プレゼン＝パワーポイントと言う認識の方も多いと思われます。プレゼンを凝って作成する方は Prezi（プレゼン用ソフト）を使用する事もあるでしょう。「白板ソフト」を使うと、従来中心であった時系列のフレームステージではなく、直感をアニメーション感覚で変異、分解合成する強みをもつ魅力的なプレゼンが作成できます。

「プレゼンのつぼ」

「プレゼン、プレゼン」と私たちが軽く口にするようになったのは、IT 技術の進展に伴い、ノートパソコン等の端末機の持ち運びがたやすくなってからではないでしょうか。改めて「プレゼンテーション」の語源を調べてみますと「相手の心に響く贈り物」と称されている事も聞きます。

　私は、管理職の立場からプレゼンをする機会が多くあります。私がプレゼンを作成する際には、3P として三つのファクターを考えています。
- ○ PEOPLE　　　中堅教員及び管理職志望の教員
- ○ PURPOSE　　管理職の醍醐味と共に、現実的な生活
- ○ PLACE　　　 管理職選考に向けた室内研修会

　その上で、シナリオを考えて具体的なデリバリーを考えます。シナリオを考える際、「発信者が伝えたい事」≠「受信者が聞きたい事」と言うことに配慮しないと、独りよがりのプレゼンに陥りやすいと思います。

　情報の受信チャンネルには、視覚、聴覚、嗅覚、味覚、触覚の五感があります。今の科学技術の進展からフィットするのは視覚と聴覚です。「聞いたことは忘れ、見たモノは覚え…」ではありませんが、情報量では、「視覚＞聴覚」の構図が成り立ちます。効果的なプレゼンには、論理的なくすぐりや、ノンバーバルなパフォーマンスも伝える力を後押しします。伝えたい事をどのようなインターフェース、チャンネルを使って届けるか、だと思います。その意味において、白板ソフトによるプレゼンは上述に叶うものだと痛感し、プレゼンを作成しています。

作成事例

「管理職の三種の神器って」
- ○ PEOPLE　　中堅教員及び管理職志望の教員
- ○ PURPOSE　管理職の醍醐味と共に、現実的な生活
- ○ PLACE　　管理職選考に向けた室内研修会

導入　昭和30年の文化生活の三種の神器
　　　（白板の写真の分解合成機能を活用）
- ・分解した三枚の写真から白黒テレビを推測する。
- ・同様に、分解された電気冷蔵庫、電気洗濯機を完成させ、三種の神器を知る。

練習　発展として昭和40年の三種の神器
- ・昭和40年の3Cとは…
　　答えは、カラーテレビ、クーラー、車

考察　現代の教員の三種の神器を考察
- ・ヒント提示「戻れない」「益々加速化」「教員養成大学も追いつかない」
（白板のポストイットー [隠す] ボタンー機能を活用）
- ・答えは…黄色のポストイットの下に「特別支援教育」「情報教育・ICT」「英語教育（教科化）」

主題　現代の東京における管理職の三種の神器を想像する。
- ・教員の三種の神器と同様に考察
- ・右図がポストイットをはがした状態

白板ソフトによるプレゼン作成に関して

私は、様々なプレゼンソフトを活用してきましたが、自分のイメージを最も具現化できるのが、この白板ソフトだと思います。このプレゼンも26枚のスライドに、アニメーション効果やポストイット効果、その他、基本となる回転や拡大縮小をふんだんに入れて作成しましたが、要した時間は2時間足らずです。これは、従来のソフトと比較すると格段の時間短縮です。また、今までの動きとは全く違うスムーズな動きに視聴者が驚くのも醍醐味の一つです。

「白板ソフト」の使い方入門

　この第2章では始めて「白板ソフト」に触れる方を対象にして、慣れて使いこなし、更に自分で教材のプレゼンテーションが作れるところまで力をつけていただきたいという趣旨で話を進めていきます。

　この「白板ソフト」はこれまでのプレゼンテーションソフトとは最初から違っています。そのために使い慣れないままに終わっている人がいます。その原因を考えたときに、やはり「白板ソフト」で出てくる「部品」という考え方を身に付けることが、このソフトを使いこなせないでいる壁を乗り越える手段ではないかと思うようになりました。

　そこで、最初の節では部品という概念を使わない範囲での使いこなしを扱います。その範囲でも「白板ソフト」は従来型のプレゼンテーションソフト、お絵描きソフトとそれほど変わらない機能を備えていて、拡大機能など一斉授業で日常的に使える機能を持っています。

　続く節で解説する部品という考えについては、類型のソフトとは異なる基盤に立っています。この部品を使いこなすことでアニメーションなどを簡単に組み上げることができるようになります。更にこの部品を理解して使いこなすことで説得力の加わった教材あるいはプレゼンテーションを作ることができます。

　部品を基礎にした「白板ソフト」の構造を理解することで、毎日の教室での楽しい授業を実現するための教材が生まれてくると思います。この第2章での話の進め方が、そのためのスキルをつけるためのカリキュラムの提案と見ていただければ幸いです。

2-1 入門以前

この節では従来型のソフトと同じ操作性で使える部分に限って解説をします。つまり「部品」を使わない範囲での機能を使いこなしましょうという内容です。部品は白板ソフトの基本概念であちこちに点在しています。これに触れるときは必要なノウハウがありますので、そこで道草を食わないで、あえてそこを迂回して、それ以外の重要な手法を身につけましょうという意味です。

「部品」を使わない範囲でも授業、プレゼンテーションで使える機能があります。また、レイヤの概念は部品以前に登場します。部品が出てくる前にレイヤの初歩を理解しておきましょう。

2-1-1 起動

起動は白板ソフトのアイコンをダブルクリックすることで始まります。ソフトが立ち上がりますと最初は何も入っていません。2回目以降は前に使ったデータが残っています。そのデータを消したいときは画面下の道具ボタンの一番左側の[ダイアログ]ボタンをクリックして[新規追加]→[新規]にして始めます。こうするとまっさらな状態で始められます。

パワーポイントで作ったデータなどのファイルがあるときは、そのファイルをドラッグして、白板ソフトの上でドロップしてください。白板ソフトのデータに自動的に変換されます。

2-1-2 お絵描き

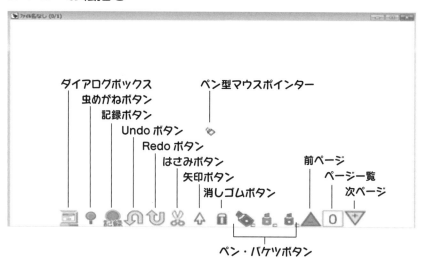

最初は画面にペンが表れます。マウスポインターがペンの形のボタンになっています。最初ですから、一番簡単なペンから使ってみましょう。

マウスの左ボタンを押しながらマウスを動かす（ドラッグする）と手書きの絵が描けます。手書きの字も書けます。絵は修正ができます。色を付けたり、消しゴムで消せたりします。

以後、複数のページから成る画面の総体をボードと呼びます。最初は 0 ページが表れています。画面下に道具ボタンが並んでいます。これらはすべて命令を実行させるという意味でボタンと言います。

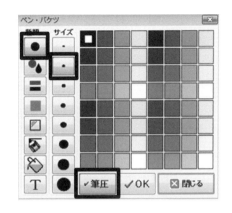

最初は [ペン] ボタンが選ばれていて、更に斜めのペンに表示がなっている黒い色のペンが選ばれています。マウスポインターが小さな斜めのペンの形になっています。

このように、使用中のボタンは斜めになっています。他のボタンも同じで、斜めになっているボタンが今現在選ばれていることになります。

道具ボタンの名称は図のようになっています。これらは使っているうちに段々と覚えていくことと思います。最終的には全部覚えて使いこなしましょう。

マウスポインター

初期画面では、[ペン・バケツ] ボタンは色の異なるペンが 3 つ用意されています。クリックして色を選択します。後からでも色、太さが変えられます。

[ペン・バケツ] ボタンをクリックするとダイアログが出ます。これをペン・バケツダイアログと呼びます。ペンの種類とサイズと色が選べます。（ダイアログとは対話的に設定を行う表のことです。）

ペンの初期設定ではメニューの一番上が選ばれていて、太さの変わらない自由線です。[筆圧] をチェックすると、（筆圧を使えるタブレット等があれば）筆圧を反映します。

筆ペンのアイコンをクリックすると、[筆ペン] と [マーカ] の選択が交互に変わります。サイズの中の丸い印が黒色（[筆ペン]）か青色（[マーカ]）に交互に変わります。不透明と半透明が切り替わります。不透明が黒色で毛筆のような効果を出す油性のマーカ、半透明が青色で水性のマーカのような効果を出します。

[筆ペン] には [筆圧] ボタンはありません。

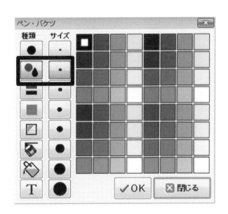

2-1-3　取り消しとやり直し

いろいろな操作を行う中で、もし操作を間違えたらやり直しをします。そのときは画面下の道具ボタンの黄色の [**アンドゥ**]（Undo）ボタンをクリックして一つ前に戻します。何回も戻れますが、戻しすぎて前と同じでよいときは、「元と同じ」という灰色をした [**リドゥ**]（Redo）ボタンをクリックします。[**リドゥ**]（Redo）は [**アンドゥ**]（Undo）で戻った操作を前と同じようにやり直すときに使います。

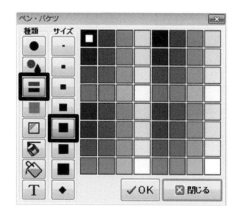

2-1-4　直線

場合によっては、きれいな縦または横の直線が引きたいときがあります。

　この必要性に答えるのが [**直線**] ボタンです。

　縦または横のみの直線を引きます。画面上で手書きで直線（のつもり）を引いておけば自動的に縦か横のどちらかのまっすぐな直線になります。

　[**直線**] ボタンのアイコンには上が青色で下が黒色の横線が入っていますが、これはクリックで青色なら半透明（水性）、黒色なら不透明（油性）の直線を描くことが交互に出てくるという意味です。

　この直線は画面下の [**消しゴム**] ボタンで消すことができます。

2-1-5　バケツボタンで図形を描く

[**バケツ**] ボタンは塗りつぶしという意味ですが図形も描けます。ペン・バケツダイアログの [**種類**] でバケツを選びます。[**形状**] は上から２つだけが本書の「入門以前」で扱う機能です。従って [**形状**] の３番目以降は、今は使わないほうがいいでしょう。[**形状**] の１番目が油性、２番目が水性の手書きの線です。消しゴムで消せます。

　閉じた線を描いたときは中が塗りつぶされます。そうでないときは長方形に塗りつぶしされたようになります。その際に手書きの直線に対して、そ

の直線を対角線とする長方形の塗りつぶしになります。手書きの線を直線のようにまっすぐ引くと、きちんとした直線に直して描いてくれます。繰り返しますが、[形状]が1番目または2番目のときに限って消しゴムで消せます。

2-1-6　レイヤ

「白板ソフト」で作られる画面のことをボードページと呼びます。ボードページの全体をボードと言い、そこに含まれる各ページをボードページという名前にしています。

各ボードページは2つの層を持っています。透明なシートが2枚あってそれぞれに絵が描かれている状態だと思ってください。

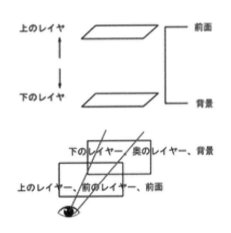

つまり複数の透明シートが重なってボードページになっています。この透明シートをそれぞれレイヤと言います。

一番上を前面と言います。前面に手書きの絵、もしくは直線が描かれています。一番下のレイヤを背景と言います。私たちが画面を見るときには前面を見ているわけで、その前面を通して裏に背景があります。実際の透明シートではありませんので、画面上は重なっていて一つの絵にしか見えません。「白板ソフト」の画面を見ると、手前にあるのが上のレイヤです。一番前にあるので前面といいます。一番奥にあるのが下のレイヤで、背景です。これより下のレイヤはありません。

このように「白板ソフト」ではボードページがレイヤを持っています。

2-1-7　背景を入れる

手書きで描いた絵は全て前面に描かれています。背景はどうしたら描けるのでしょう。背景にしたい絵があるときは、その画像のある場所（フォルダ）を開いて画像の名前の付いた画像ファイルを直接にドラッグして「白板ソフト」の画面上に持っ

てきて離します。画像ファイルを画面の中に入れると、その画像の名前が付いたダイアログが開きます。この中の[背景に設定]をクリックすると画像は背景になります。

別の絵に置き換えたいときは、同じく他の場所（フォルダ）を開いて画像ファイルをドラッグして持ってきて、画面上に落として、開いたダイアログの中の[画像を置換え]をクリックします。

[背景に設定]を実行するときに、持ってきた画像の背景の色を透明にしたいときは、画像名の付いたダイアログの一番下の[背景色を透明]をチェックします。持ってきた画像の外側を透明にしたいときは[外側を透明]にチェックを入れます。

2-1-8　消しゴムボタン

消しゴムの機能は電子的には白色で塗るということに過ぎません。画面下の道具ボタンの中の**[消しゴム]**ボタンをクリックするとタイトルが「消しゴム」となっている消しゴムダイアログが出ます。丸いアイコンからサイズを選びます。選んだサイズの大きさで消しゴムの大きさが決まります。

消しゴムダイアログの中で前面と背景の入れ替えなどの操作ができます。

[前面をクリア] で手書きの絵を一気に消すことができます。

[背景をクリア] は入っている背景を一気に消します。前面の手書きの絵を背景にするには**[前面と背景を交換]**をクリックします。背景の絵を加工したいときには、背景の絵を一度前面に持ってきて、加工してから再び背景に戻せばよいわけです。ただし写真のような画像にはこの操作は向きません。

[ページをクリア] ではボードページの中の全ての絵を消します。

2-1-9 矢印ボタン

[矢印]ボタンは選択を行うボタンです。このボタンをダブルクリックすると、[矢印]ボタンのメニューが出てきます。矢印ダイアログです。編集-(ボード)というタイトルになります。[削除]はボードページを削除します。[複写]は現在ボードページと同じ内容を次ボードページに作ります。[新ページ]は新しい白紙のボードページを次のボードページに作ります。その他の命令は部品に関わってくることが多いので後の節以降で説明します。

2-1-10 拡大する

教室のような広い場所ですと、離れたところから画面の細かい場所が見えにくくなります。教師、またはプレゼンの演者が特に強調したいところがあるとします。全体を大きくすることはできません。画面の一部だけを拡大することはできます。

画面下の道具ボタンの中の[虫眼鏡]ボタンを選んで(クリックして)から、画面の(拡大したい)領域を丸く囲んでください。丸で囲んだ領域が拡大されて表示されます。そのときの虫眼鏡ボタンは真ん中に黄色い横線が入っています。元の縮尺に戻すには、同じボタンをクリックしてください。拡大中も[ペン]ボタンや[消しゴム]ボタンの操作ができます。

2-1-11 ダイアログボックス

画面下の道具ボタンの一番左にある[ダイアログ]を開いてください。タイトルは「白板ソフト‥」となっています。新しいボードページの追加は道具ボタンの中の[ダイアログ]をクリックします。「背景の切替、新しいページや部品の追加」の下にある[白板]をクリックすると、現在ボードページの次に、何も描かれていない新しいボードページが追加されます。

[ファイル]はデータなどを探すときに使います。

2-1-12　グリッドの表示

ダイアログボックスの「背景の切替、新しいページや部品の追加」の下にある[**グリッド**]をクリックすると、画面に方眼紙が描かれます。格子とも呼ばれることもあります。消したいときは同じく[**ダイアログ**]をクリックし[**グリッド**]をもう一度クリックすると消えます。

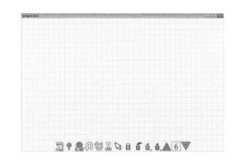

　このグリッドは補助的に表示されるだけです。描いた画像と共に保存されることはありません。その都度表示したり消したりして使います。背景でもありません。

　位置を正確に決めたいときなど必要に応じて使います。図を描くときの目安になり、便利です。

2-1-13　ボードページを見る：ページ一覧

全てのボードページが一覧できる機能があります。ページ一覧機能です。ボードページを探したりボードページを増やしたり、削除したり、ボードページを入れ替えたりの操作ができます。

　道具ボタンの中のボードの現在ボードページが表示されているボードページ番号の数値が入っている場所をクリックすると別ウィンドウに「ページ一覧」が表示されます。

　道具ボタンの中のボードページ番号の場所は名前が入っていませんがこれから[**ページ一覧**]というボタンとします。

　表示された「ページ一覧」には前ボードページが表示できるように縮尺・拡大の機能も付いています。「ページ一覧」には各ボードページがサムネールのように表示されています。それらの画面をドラッグすると各画面が連なって移動します。「ページ一覧」の表示されている

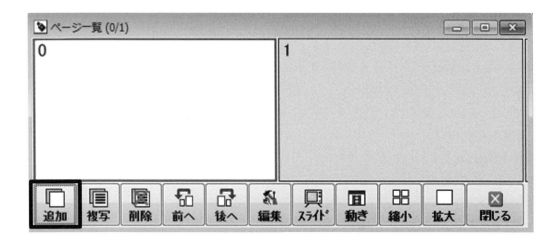

ボードページをクリックすると作業している画面がそのボードページと同じになります。

「ページ一覧」の**[追加]**を選ぶと、現在ボードページの次に、新しいボードページを追加します。その先に既にボードページがあったときは新しいボードページを挿入します。「ページ一覧」の**[複写]**を選ぶと現在ボードページとまったく同じ内容のボードページが、次のボードページに作られます。

その先にボードページがあったときには、そのボードページが先に押し出され、複写されたボードページが挿入されます。現在のボードページを削除したいときは、作業しているボードページをページ一覧の**[削除]**ボタンで、削除できます。

[前へ]は画面のボードページを前に移動します。つまり一つ前の画面より更に前に移ります。一つ前の画面と交代します。**[後へ]**はボードページを先に移動します。つまり一つ先のボードページの先に移します。一つ先の画面との交代になります。

たくさんのボードページがあるときは**[縮小]**とすると各ボードページが小さな画面でたくさんのボードページを見ることができます。逆に**[拡大]**とすると各ボードページが大きな画面になります。全体の編集に便利な機能です。**[編集]**を開くと、**[ページの移動]**、**[別ファイルとして保存]**、**[まとめて削除]**、**[シャッフル]**などの機能が用意されています。

2-1-14 ボードページを見る：ポップアップメニュー

「ページ一覧」は全体を編集するのに便利な機能ですが、ボードページを飛ばしたり、ボードページをコピーしたり、貼り付けたりという作業にはポップアップメニューからも便利にできます。

ボードページの上で右クリックするとポップアップメニューが表示されます。その中の一番上に**[ページ(P)]**とあります。そこにカーソルを持っていくと作業中のボードの全てのボードページが表示されます。その中から希望のボードページをクリックするとそのボードページに飛ぶことができます。各ボードページに飛ぶためのショートカットキーも用意されています。

ただし、ここはサムネールではありませんので各ボードページの中の様子は見えません。

ボードページの細かい作りを調べたいときは**[アニメーション設定]**を選びます。タイトルは**[アニメーション設定-ボード]**となります。全頁が表示されます。上が0ページで下に向かってその先のボードページが続いています。

2-1-15 ファイルの保存

作られた教材をファイルに保存しましょう。作業している画面の[**ダイアログ**]ボタンから保存作業に入ります。[**ダイアログ**]ボタンのアイコンをクリックして下さい。まったく始めて保存するときは[**上書き保存**]をクリックしてください。ファイルの名前が決まっていませんのでファイルの名前を入れるように促されます。[**別名保存**]にすると、[**参照**]が開かれます。そこで保存先の場所と共にファイル名を入れて下さい。「白板ソフト」の拡張子は「.jpeg」です。作業終了のときは[**終了**]をクリックして下さい。その後に、結果を保存するか、破棄するかの選択があります。

[**別名保存**]の中に[**単体実行ファイル保存**]があります。これはいわゆるexeファイルを作る命令で、このような形の保存ファイルを作っておくと「白板ソフト」がインストールされていないパソコンでも実行が可能になります。

次に再開するとき、目的のファイルがあれば、それを立ち上げればよいのですが、「白板ソフト」を立ち上げると、最後に保存したファイルが出てくるようになっています。

前の内容を捨てて、まったく白紙から始めるときは[**新規追加**]をクリックして下さい。

2-1-16 印刷

用紙に印刷してみましょう。画面下の[**ダイアログ**]を開きます。その中から[**印刷**]を選ぶと印刷ダイアログが表示されます

「白板ソフト」は基本的に横長画面を何枚も重ねた内容のファイルになっていますので、印刷の際に通常の縦置きの用紙を[**1ページを1枚に印刷**]とすると用紙の下半分が白紙になります。従って[**2ページを1枚に印刷**]することになります。あるいは用紙を横置きにして1ページに1枚に印刷を選ぶことになります。

2-1-17　困ったときのヘルプ

すぐ傍にエキスパートがいればいいのですが一人での作業ではいろいろと困ったことが出てきます。困ったときの手助けのヒントが得られように用意されているのが **[ヘルプ]** です。これを手助けにあきらめずに作業を進めて下さい。

画面下の道具ボタンの中の **[ダイアログ]** ボタンをクリックしてダイアログの右下の **[ヘルプ]** から入って下さい。

2-2　部品入門

ここからは本格的に「白板ソフト」とのお付き合いが始まります。ここからは部品という名前が登場します。

部品という言葉は日常的に使われていますが、「白板ソフト」の中での部品という言葉は特別な意味を持っています。ここで言う部品とは電子的な素材として人が扱いやすい機能を持たせた対象として作られたものです。操作対象となる部品化された絵のデータ（手書きの絵は部品ではありません。部品に変換することはできます。）、音のデータ、文字データなど全てが部品として扱われます。

これから出てくる部品となった絵は通常の手書きの絵とは違い、部品として扱われます。データの種類に関わらず、部品に対する扱いは統一されています。統一された扱い方を身につけることでアニメーションなどの制作に役立つように仕組まれています。

ここで習得する部品としての機能を使いこなすことで教材開発への広い応用が開けてきます。

2-2-1　部品と絵との違い

[ペン・バケツ] ボタンの中から **[ペン]** ボタンを使って手書きで描いたものを絵と言っておきましょう。一方で実際にペン・バケツダイアログから鉛筆の形をした **[作図]** ボタンを選び、さらに「形状」の中から円（○）を選んで画面をドラッグすると円が描けますが、できた円は単なる絵ではありません。始めから部品になっています。すでに単なる絵ではありませんから **[消しゴム]** ボタンでは消せません。

絵と部品は見かけでは区別がつきません。部品が絵と違うのは、それが選択されている状態でも、そうでないときでも、

- **[消しゴム]** ボタンでは消せない。
- （**[矢印]** ボタンで）位置が移動できる。

ということです。

　絵から部品が作れます。つまり手書きの絵に部品としての機能を持たせることができます。こうすることで、他の部品と同じ操作ができるようになります。単なる絵があったら、**[はさみ]** ボタンを選び、絵をはさみでぐるっと囲んで下さい。それだけで単なる絵は部品になります。そして部品として様々な機能を持つようになります。

　[はさみ] ボタンをダブルクリックすると、はさみボタンダイアログが出ます。ここを使っても部品に変換することができます。例えば **[描画を部品に変換]** をクリックしてから画面上の手書きの絵をクリックするとその絵が部品に変換されます。

2-2-2　部品の選択状態と非選択状態

部品を **[はさみ]** ボタンでクリックする。あるいは矢印ボタンで外からドラッグして中で止めると、周りにポップアップが表れます。これを選択枠と言います。選択状態の部品にはこの選択枠が付随します。

　非選択状態の部品を選択状態にするには、

- **[はさみ]** ボタンをクリックしてから、部品をクリックする。
- **[矢印]** ボタンを選択している状態で、部品の外から中にドラッグして、部品の中で止めてマウスボタンを離す。

ことでできます。

　逆に選択状態を非選択状態にするには、**[矢印]** ボタンを選択している状態で、

- 外側のどこかをクリックする。
- 選択枠をクリックする

ことでできます。

　選択されていない部品は（**[矢印]** ボタンを選択しているときは）矢印で移動ができます。そのときのポインターは手の形になっています。手の形は移動を意味します。

2-2-3　部品とマウスポインター

部品を動かすポインターは３種類に変化します。

- 手は部品全体をつかんでいますので、全体の移動をするときに使います。
- 両端矢印は伸縮です。部品を大きく表示したり小さく表示したりします。
- 斜め矢印は相似形を保っての伸縮です。
- 上下左右矢印は上下と左右への伸縮です。
- 十字型矢印は回転です。

2-2-4　選択枠

選択されている状態の部品には周りに薄い色の窓枠のようなものが出ています。これを選択枠と呼んでいます。選択枠の上にある５つのボタンは部品に対する命令をするボタンです。選択枠の手は移動、指は操作を示します。

1. [手（移動）] ボタン
2. [指（操作）] ボタン
3. [部品ダイアログ] ボタン
4. [前面に描画して削除] ボタン
5. [削除] ボタン

左の手の形と指の形の２つのボタンには赤色の×が付くときと付かないときがあります。

最初の状態では、手のアイコンが×になっています。

手の×は（図の状態では移動可能ですが、）移動不可にするボタンです。指は（図の状態では操作不可ですが、）操作可能にするボタンです。選択枠の真ん中のアイコンは [部品ダイアログ] を開くボタンです。その右は部品を [前面に描画して削除] しようとするボタンです。部品を消しゴムで消える単なる絵にするための機能です。「削除しよう」とするボタンですから、その前で操作を止めて削除しなくても構いません。そのときは部品が単なる絵になっています。消しゴムで消せます。右の端の [×] は部品の削除ボタンです。これをクリッ

クすると選択中の部品が削除されます。

　手（移動）と指（操作）のそれぞれで×が付いているか、いないかの違いですが、×が付いていても、今の状態で×ということではなく、×にするためにボタンを押すためのアイコンだということです。何も付いていないときはその機能が止まっていて、機能を動かすためにボタンを押すためのアイコンです。

　[移動]ボタンの×のありなしと[操作]ボタンの×のありなしとで[移動]と[操作]の組み合わせは4つあります。この状態で選択枠の色が変わります。その色の名前で状態を4つに分けました。それぞれブルー、パープル、レッド、グレーという状態としてあります。

　このことで色を見て直感的に部品の状態を見ることができます。

2-2-5　部品の選択枠、移動と操作

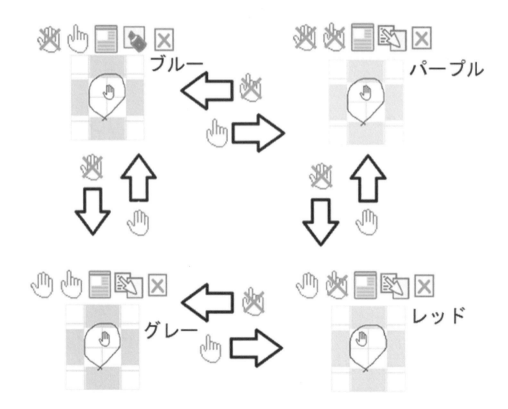

　最初は部品の選択枠は色が青（ブルー）になっています。マウスの動きに反応して部品は移動しますが、選択枠の色が青（ブルー）の状態で手（×）をクリックしますと部品の移動ができなくなります。選択枠の色は灰色（グレー）になります。グレーの状態で手をクリックすると元のブルーになります。

　選択枠の色が灰色（グレー）の状態で指をクリックしますと指に×が付いて操作が可能になります。選択枠の色は赤（レッド）になります。

選択枠の色がレッドの状態で手をクリックしますと部品の移動が可能になります。選択枠の色は紫（パープル）になります。選択枠の色がパープルの状態で指（×）をクリックしますと操作が不可になります。選択枠の色はブルーになります。

　部品を固定するには、移動を不可にすればいいわけです。そのためには選択枠の色がグレーの状態かレッドの状態にすれば、共に手（移動）には何も付いていませんので、現在は移動できなくなっている状態になります。これが固定されている状態です。

　移動不可にすると矢印ボタンを選択している状態でもマウスで移動はできません。外からドラッグしても選択できません。その場合は、画面下の道具ボタンの中の**[はさみ]**ボタンで対処します。**[はさみ]**ボタンをクリックすると選択枠の色の付いた枠だけが出て、枠の色は部品の状態を表しています。他の部品も枠が出ますが、目的の部品をもう一度クリックすると選択枠が出てきます。これで選択枠の操作ができるようになります。

2-2-6　部品の基本的性質－複写

　選択状態の部品では、周囲に選択枠を伴います。部品を選択したままの状態でボードページを変えたときに、行き先の新しいボードページにも選択状態の部品が移ってきます。そのボードページの中で何らかの操作（移動する、変形する、マウスクリックして選択解除等）があると、そのボードページに部品が複写されます。

　元のボードページにも行き先のボードページにも、（位置と形が違っていても）同じ名前の部品があります。ボードページを越えた複写ということになります。

　ボードページを越えた複写のときには、これらの部品はまったく同じ名前になっています。同じ名前ですから互いにつながっていますので、選択枠の操作ボタン（指）に小さな曲がった矢印が付きます。同じ名前の部品が複数あることを表し、互いに関係を持っているということを示します。**[リンク]**ボタンと呼んでいます。両方の部品に**[リンク]**ボタンが付きます。さらに同じ部品を別のボードページに増やすこともできます。

　このように、部品は他のボードページにも作られて、同じ名前の部品はどのボードページにあってもつながっています。あるいは同じと見なされます。

　部品の操作ボタンの場所が**[リンク]**ボタンになっていれば、同じ名前の部品がどこかのボードページにあると言えます。同じ名前の部品がどこのボードページに、いくつあるかはすぐには分かりませんが分かる方法は後に説明が出てきます

　ただし、同じボードページの中でコピーされてできた部品は別の名前になりますので別の部品として扱われます。

2-2-7　ボードページの中の部品の複写

部品を選択状態にしておきます。外からドラッグして、部品の中を通過させます。進行方向にコピーされた部品ができます。同じものを一度にたくさん作りたいときは、ダイアログボックスの中の [部品として追加] ボタンのとなりの [連続] ボタンを必要なコピーの数だけクリックします。その部品の近くにクリックした数だけの同じ部品ができます。

これらの部品はどれも同じ形をしていますがまったく別の部品として扱われます。そのために互いにリンクが張られることはないのでリンクボタンは付きません。

2-2-8　部品の基本的性質－リンク

部品が複写されて、別のボードページで同じ名前の部品になっているとしましょう。

各ボードページで同じ部品を選択して移動あるいは変形すると、ボードページを変えたときに途中を補間して滑らかに結んでくれます。補間とは途中の変化を計算によって何枚かの経過の形を作って結果的に目で見て滑らかに見せる工夫です。補間の枚数が多ければ、より滑らかにつながります。これはすでにアニメーションになっています。

複数ボードページに同じ部品があると、操作ボタンが [リンク] ボタンになります。ボードページを変えると同じ部品が滑らかにつながります。

次に、リンクボタンをクリックしてみましょう。リンクボタンをクリックした後では、部品を直接クリックすることで部品が移動あるいは変形すると同時に、同じ部品のある別のボードページに移ります。

つまりボードページを意識しないで、同じ部品につながるということです。部品をクリックすることで自動的にボードページが変わり、滑らかにアニメーションが行えます。

2-2-9　部品の絵の編集

部品となった絵は直接に修正することはできません。単なる絵の状態に戻してから修正します。部品を絵に戻して編集してから再び部品にすることで修正できます。

部品を絵にするには、選択枠の [前面に描画して削除] ボタンをクリックします。部品をレイヤの前面に移動するという意味です。前面は手書きの絵しか置けない仕様になっていますので、こう

[前面に描画して削除]ボタン

することで普通の絵になります。そして消しゴムで消すことができるようになります。普通の絵ですから何か付け加えたり消したりして絵を編集しなおすこともできます。

　その後に部品にするのは前述のように [はさみ] を選んで絵を囲めばよいのです。

2-2-10　外から持ってきた部品

「白板ソフト」の外にあるフォルダから画像ファイルをコピー＆ペーストで、あるいはドラッグ＆ドロップで持ってきて「白板ソフト」の画面に貼り付けたものは始めから部品としての扱いになります。

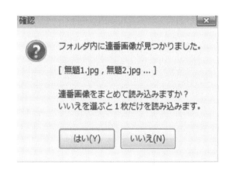

　外でファイルを選びコピーあるいは切り取りしておいて、「白板ソフト」の画面上に来て、右クリックしますとポップアップメニューが開きます。その中から [貼り付け] を選びます。貼り付けると [部品ダイアログ] が開きます。[部品として追加] をクリックして下さい。画面に部品として貼り付きます。貼り付ける前に「確認」が入ることがあります。連続画像があることが分かると、それら全部を読み込むのか、1枚だけにするのかの判断を聞かれます。通常は [いいえ（N）] を選んで下さい。

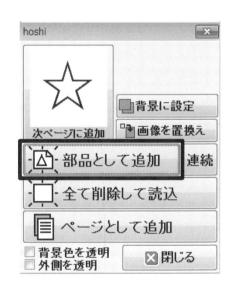

　あるいはマウスを使って絵のファイルをドラッグ＆ドロップして白板ソフトの画面上に持ってきてください。[部品ダイアログ] が開きます。その中のダイアログの [部品として追加] をクリックして下さい。

　同じ絵を同じところから持ってきても、画面に入れると異なる名前になります。同じ名前の部品にはなりません。たとえ同じ形をしていても、その都度異なる名前で入りますので、異なる部品として扱われます。従ってそれらの間のリンクボタンは付きません。

2-2-11　作図ボタン

画面下の道具ボタンの中のペン・バケツボタンの中の[作図]ボタンを使って新規に作ったものは、全てはじめから部品になっています。

　ペン・バケツダイアログの鉛筆のマークで表される[作図]ボタンを選ぶといろいろな機能が選べます。

　形状の中は細直線、太直線、細四角、太四角、細丸、太丸、細菱形（細連続線）、太菱形（太連続線）と縦に並んでありますがこれらを使って描いた図は全て部品になります。

　形状の1番目と2番目の直線はマウスのドラッグで描きます。形状の3番目と4番目の四角（□）も形状の5番目と6番目の丸(○)もマウスのドラッグで描きます。

　菱形は連続線を表します。連続線とはクリックでつなげて行って直線を連続的に描くという意味です。多角形を描くのに適しています。ドラッグでは連続線は描けません。クリックして移動してもう一度クリックすることを繰り返すことで次々と連続的に直線が描かれます。最後は最初の場所に戻ってダブルクリックして下さい。閉じた多角形が描けます。

　2点の直線を描いて、最後にクリックするときに直線の延長方向にドラッグすると矢印が付きます。同じく延長方向の反対側にドラッグすると扇形が描けます。

　2点のときだけではなく、クリックして移動してクリックしてを何回か繰り返し、途中でも最後でも、クリックするときに延長方向にドラッグすると矢印が付き、延長方向と反対側にドラッグすると扇形が描けます。

　この連続線のときだけは同時にグリッドが表れます。

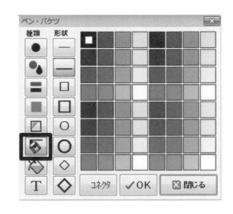

2-2-12　バケツボタン

ペン・バケツダイアログの中の [バケツ] ボタンの中で形状の 1 番目の点と 2 番目の点の場合はすでに扱いました。これを使って描いた絵以外はすべて部品になります。

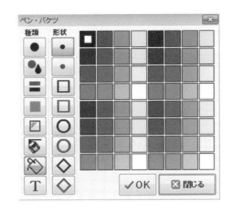

　形状の 3 番目は不透明の長方形の塗りつぶし、形状の 4 番目は半透明の長方形の塗りつぶし、形状の 5 番目は不透明の円の塗りつぶし、形状の 6 番目は半透明の円の塗りつぶし、形状の 7 番目の菱形で不透明の連続線、形状の 8 番目は半透明の連続線、になります。[連続線] ボタンを使うときは、背景が自動的に方眼になります。2 点をクリックすると直線が描けます。2 点のクリックで、伸びる方向にドラッグして離すと矢印になります。戻す方向にドラッグすると円弧の塗りつぶしになります。

　3 点のクリックで三角形の塗りつぶしが描けます。同じように 4 点、5 点とクリックすると塗りつぶしの多角形が描けます。最初の点と同じ点をダブルクリックすることで終了になります。そしてそれらは全て部品になります。作図ボタンの説明の繰り返しのようですが、ここはバケツボタンの説明です。

2-2-13　テキスト

ペン・バケツダイアログを選び、種類の一番下の T を選んでください。これが [テキスト] ボタンです。文字列を作って貼り付ける機能です。その後に画面に出ているペンで画面上の文字列を置きたい場所をドラッグします。縦にドラッグすると縦書き入力、横にドラッグすると横書き入力を選んだことになります。それを受けてテキスト編集ダイアログが表示されます。その中に文字列を打っていきます。

　文字の大きさ、色を変えたいときは、文字列を選択してから属性（大きさ、色など）を変えてください。終わったら **[OK]** もしくは Ctrl + Enter と打ちます。テキスト編集ダイアログが消えて入力したテキストが画面に貼り付けられます。作られたテキストは画面の上で始めから部品になっています。

　テキストは一まとまりになっていますので全体の拡大・縮小と回転などの変形ができます。選択されている状態にしてテキストを削除もできます。

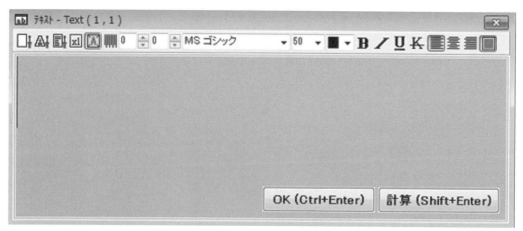

　テキスト入力と編集方法は多用されますので利用の手助けのため、あるいは使いやすさのために他の方法もいくつか用意されています。
・道具ボタンのＴ（Text の意味）をクリックする。
・画面上で Ctrl ＋ Enter キーを押す。最初はこれが使いやすく便利です。
・[矢印]ボタンを選択して画面上で右クリックをしてポップアップメニューを出して[テキスト作成・編集]をクリックする。
・選択枠の[部品ダイアログ]を開いてから[テキスト編集]ボタンをクリックする。
・道具ボタンの[ダイアログ]ボタンから[新規追加]で[Text テキスト]をクリックする。
　これらの操作でテキストボックス（テキスト編集ダイアログ）が開きます。キーボードからは任意の文字入力で直接に入力ができます。ただし、テキストボックスの表示がない状態で、直接キーボードから入力してテキストを作成する場合は、スペース、 Ctrl 等はボードページ操作になりますので入力用としては使えません。

2-2-14　白板ソフトの構造

　白板ソフトでは複数のボードページを持つボードが全ての中心になっています。最初はボードの中は空ですが、作成していくうちにボードの中には部品がたくさん入ってきます。それらの部品は各ボードページに散らばって置かれているわけです。
　それぞれの部品はその部品と結び付けられている子部品を複数持つことができます。これらの子部品は何らかの部品を親とした親子関係を持つことができます。
　子部品同士を兄弟部品といいます。子部品は孫部品を複数持つことができます。その下の階層も用意してありますが実用的ではありませんのであ

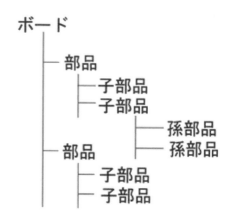

まり使われません。

　このように部品は自分を親とする子部品を複数持つことができます。

　ボードの中の部品は任意のボードページに置かれています。置かれているボードページはいつでも変更できます。

　しかし子部品はその親部品と同じボードページに置かれています。子部品と親部品が異なるボードページにいることはありません。

2-2-15　ボードとボードページ

これまでは白板ソフトのボードページは前面と背景の2つのレイヤだけでできていると説明してきました。それでは部品はレイヤのどこにあるのでしょう。部品は前面と背景の間に入ります。部品は複数ありますが、部品毎に異なるレイヤを作って入ります。これらが部品群のレイヤを作ります。

　各ボードページは前面と背景の間に部品毎のレイヤ（部品群）をはさんでいるレイヤになっています。サンドイッチ構造と呼んでもいいでしょう。

　このボードページが何ページもあるのが白板ソフトの基本的構造です。

　白板ソフトは前面・部品群・背景のセットで一つのボードページができています。

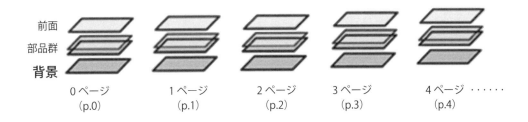

　ボードは複数のボードページを持ちます。ボードページ番号は0ページから始まって、1ページ、2ページ、…と順番に続きます。このボードページ番号を以後はp.0、p.1、p.2、…と表記します。各ボードページに（前面に）描画はいくつも描けます。各ボードページに（前面と背景の間に）部品はいくつも置けます。

　それでは子部品はどこに入っているのでしょう。ボードページは3種類の層（前面、部品群、背景）からなっています。つまり、ボードページの1ページの中には前面と背景の間に、いくつかの部品があります。子部品は必ず親部品となる部品に付属していますので子部品が属する親部品と同じレイヤに入っています。

2-2-16 ボードの編集

矢印ボタンをダブルクリックするとボードを編集するダイアログが出ます。**[編集ダイアログ]** です。

[削除] ボタンは現在ボードページを削除します。
[複写] ボタンは現在ボードページと同じボードページを次のボードページに作ります。

[新ページ] は新しい白紙のボードページを追加します。白紙ですが現在ボードページの背景だけは新ボードページに持っていきます。

[テキスト作成] は現在画面にテキストダイアログを表示します。

フィルムのような形をしたアイコンは **[アニメーション設定]** ボタンです。このボタンはボード全体のアニメーション設定を行います。

2-2-17 ボード上の [次ページに追加] とは

ここからは動く教材、アニメーションを意識した教材作りのために役立つ内容に入っていきます。

ボードページ（画面）の上に部品を作り、その部品を選択します。部品が選択枠で囲まれます。選択枠の中の **[部品ダイアログ]** を開き **[次ページに追加]** にしますと部品は次のボードページに入ります。この時、次のボードページの部品は少し移動もしくは変形しておいたとしましょう。

これで現在のボードページと次のボードページに形は違いますが同じ部品が入りました。

複数ボードページに同じ部品があると **[操作]** ボタン（指）が **[リンク]** ボタンとして働きます。ボードページを変えると部品は滑らかに移動／変形（移動、変形、移動と変形の意味）するのです。元のボードページに戻るときにも連続的に移動／変形します。この方法で滑らかなアニメーションが作れます。

外から画像ファイルを持ってきて画面に入れて、**[次ページに追加]** を行いますと、画面の次のボードページに、その画像ファイルが入ります。

画像サイズによっては大きく入っていますが、部品として入っていますので、画面に合わせた大きさにすることができます。

このように、ボードページ上の部品について、選択して **[部品ダイアログ]** ボックスで **[次ページに追加]** を行いますと、

・（ボードページがないときは）新しいボードページの追加
・新しいボードページへの部品のコピー

の２つを同時に行ってくれます。

2-2-18 ボードの部品情報を見る

[ペン・バケツ]ボタンを選び直線で枠を描き、その中に星の形の部品を 3 つ作ったとします。それぞれの部品には入れた順番が分かるように連番を付けてあります。部品は前面と背景の間に入りレイヤが 3 つ追加されたことになります。異なる部品は異なるレイヤに入ります。後から作った部品ほど上（手前）のレイヤに入ります。部品は上へ上へと積まれていきます。

これはレイヤを前面からの深さで見たことになりますが、この深さは画面から見ている立場からは前面からの奥行きということです。

言い換えれば画面上で見ていると、最初の部品は背景の手前に入りますが、次からはその部品の手前に新たな部品が入ります。次々と手前に入っていくということです。

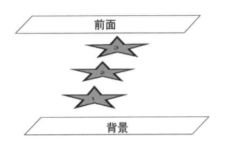

部品同士のレイヤの上下の関係は変更することができます。レイヤの順番を変えたい部品を選択します。選択枠が開いたら、[前面に移動]ボタンをクリックします。これで一番上のレイヤに移ります。

白板ソフトのボードページは前面と背景が部品群のレイヤをはさむ格好になっています。このボードページが何ページもあるのが白板ソフトの基本的構造です。

全面に描かれた絵、文字あるいはペン・バケツボタンの中の直線などは消しゴムで消せますが、これらには個別の名前がありません。全て一括して Image という名前になります。部品と背景には名前が付きます。

これらの手書きの絵、部品、背景の配置を見たいときはボードの情報を開きます。ボードページの空白部分で右クリックしてポップアップメニューを開き、[部品情報ウィンドウ]を開いてください。

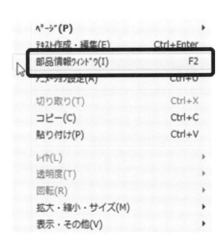

部品情報の中で、WB は白板ソフトのボードを

意味します。ボードは全体を表し、ボードページはボードの中の各ページを表します。WB の下に背景の写真のファイル名（PB250128v）、1 の☆（hoshi1）、2 の ☆（hoshi2）、3 の ☆（hoshi3）、手書きの絵（Image）があるということが情報として得られます。この上から下に向かっての順番は画面の奥から手前に向かって並んでいるのが分かります。

子部品はどのように入っているでしょう。（hoshi_5）という部品に子部品として（操作用子部品2）という部品を入れてみました。1 文字段差がついているのが見えると思います。

部品の名前の下に1字下げて名前があれば、それは子部品の名前です。

さらに部品の情報としてどのようなものがあるかを調べましょう。簡単のために、一つの「白板ソフト」の1ファイルがあって、そこに1ページだけが作ってあって、そのボードページに一つの部品だけが置かれているとしましょう。

そのように作ってから右クリックでポップアップウィンドウを開き、**[部品情報ウィンドウ]** をクリックします。

別の方法としては、画面に表示された部品を選択して背景枠の **[部品ダイアログ]** をクリックし、**[情報]** をクリックすると「部品情報 -hoshi_0」が開きます。選択されている部品の絵が出ています。

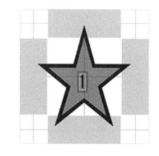

更に簡単には部品を選択して F2 キーを打つことから入ってみて下さい。これが部品情報を見る一番速い方法です。

部品の属性、つまり透明度、回転角、中心位置座標、伸縮などの度合いが数値で入っています。属性を選択して数値を変えることでこれらのパラメタを変えて、部品の形状等を変えることができます。

2-2-19　はさみボタン

[はさみ]ボタンは絵を部品にするときに使いましたが、切り取るという本来の機能があります。

　手書きの絵は[はさみ]ボタンで切り取れます。手書きの絵をいくつかに切りわけることもできます。直線で切ると2つに切り分けられます。

　[はさみ]ボタンで切り取られた絵は部品になるので入門以前の節ではなく、この節で紹介することになります。

　はさみの機能を理解するためには部品についての知識が必要になります。2つに切り取られた絵はそれぞれが独立した部品になります。

　絵から[はさみ]ボタンで囲まれて作られた部品も更に[はさみ]ボタンで同じように切れます。部品がいくつかあるときにも部品が重なっていても、いなくても一緒に切れます。

　はさみで切るときに、囲んだ形にして、はさみを切り始めの位置まで持ってきて切ってください。はさみを使って、囲むように切ると、いろいろな図形に切り分けられます。

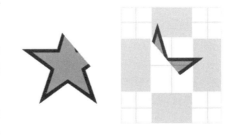

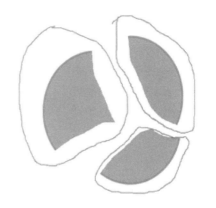

2-2-20　はさみと部品の連絡

これまで説明した部品の性質から分かることですが、同じ名前の部品は位置・形・大きさなどが変わっていても、ボードページを越えて同じです。

　例えば、その中の一つの色や画像を変えると、他のボードページの同じ名前の部品の色や画像もすべて変更されます。ただし、同じ形でも名前の異なる部品は同じ部品として扱われません

　手書きの絵は、はさみで囲んで部品にします。

　手書きの絵を画面上でL字型にドラッグして切ると、自動的に（想定されるより少し広い）四角形で囲まれます。それが部品になります。

　部品を切るときに、同じ名前の部品は全て切られてしまいます。しかし、その部品の置かれたボードページ内で納めておき、他のボードページにあ

る同じ部品には影響がないようにしたいときがあります。その方法はいくつかあります。

　部品を選択しておいて矢印で部品の外から部品を通過するようにドラッグして、コピーを作っておきます。コピーされた部品は別の名前になっています。（同じボードページ内のコピーされた部品は元と異なる名前の部品になるという約束でした。）その後に元の部品を削除しておけばその部品を切っても元の名前のままの部品は影響を受けません。コピーされた部品は切っても何しても構いません。コピーされた部品は形が同じでも元の部品とは異なるからです。

　別の方法として部品を他のグラフィックソフト、「ペイント」などにコピーしておいて、そこからコピーして持ってくることで、同じ形でも名前の異なる部品ができます。そのような部品なら切っても別のボードページにある同じ形の部品が切られることはありません。理由は同じく部品名が異なっているからです。

2-2-21　はさみの切り取り対象

背景だけがあるボードページで切り取る作業を行うと、その部分が別部品として切り取られますが、背景が壊れることはありません。背景の上に手書きの絵があるときは、手書きの絵がはさみで切れます。背景を切り取ることはできません。

　背景の上に手書きの絵があるボードページで、背景を切りたいときは[消しゴム]ボタンをダブルクリックして消しゴムダイアログを開けて[**前面と背景を交換**]を使って入れ替えてから切って、その後に再び[**前面と背景を交換**]する方法で行います。

　絵と部品が重なったときに一緒に切るとどうなるでしょう。絵は前面にあり、部品は前面の下のレイヤにあります。この場合は絵も部品も切り取られます。切り取られた部分には絵も部品も入っています

が、新しい名前が付けられ部品になります。

2つの部品が重なっている部分を切ったらどうなるでしょう。

上に部品2という部品があって、下に部品1という部品があったときに、重なった部分をはさみで切ると、部品2と部品1の合わさった一つの部品になります。その部品には新しい名前が付きます。その新しい名前の部品には親子関係ができます。奥にあった部品1を親として前に位置する部品2が子部品になります。基本的には後ろにある部品が親になって切られるのです。

前面と背景の間にある複数の部品は移動可能なもの（選択枠の手に×が付いている）と固定されていて動かないもの（選択枠の手に何も付いていない）があります。

はさみで切るときはこの点が考慮されます。

- 前面の手書きの絵（手前）
- 部品群（手×）－移動あり
- 部品群　　　　－固定
- 背景　　　　　（奥）

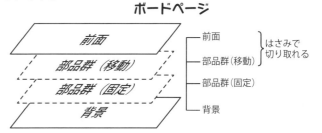

これらの4種類の中で、前面に描かれた手書きの絵と移動可能な部品は切り取ることができます。固定された部品群と背景は切り取れません。

2-3　子部品入門

部品に直接に接続していて一緒に動く部品を子部品といいます。部品と子部品は一体となって変形・移動ができます。

部品と子部品の関係をつくるには、部品を選択しておいて、別の部品（子部品の候補）をドラッグして部品の中に入れ、**[部品ダイアログ]**を開いて、**[子部品として追加]**をクリックします。

この場合は別の部品はコピーされて中に入るため消えてしまうわけではなく、画面上に残っています。画面上に残った部品は必要に応じて削除します。

　または、部品を選択しておいて、部品の中を通過するよう別の部品をドラッグすると、自動的に子部品になります。

　どちらの方法を使っても元の名前で子部品になります。

　親子関係の確認は部品情報を見ることで分かります。親部品（hoshi_0）と1字下げて子部品の名前（操作用子部品2）が入っています。

　子部品は部品とは一緒に動きますが、部品を選択してから、子部品を選択すると、独立して動かせ、編集もできます。子部品を部品から切り離すには、子部品を選択して、選択枠の中の[子部品配置]ボタンをクリックします。

　部品を選択して選択枠をドラッグし、回転・伸縮してみると、親部品と子部品が一体となって回転・伸縮することが分かります。

　画面下の道具ボタンの[はさみ]ボタンをクリックすると、親部品だけが枠でくくられます。はさみをクリックことでは子部品は枠で囲まれません。つまり選択できません。子部品だけを選択するには[はさみ]ボタンをクリックした上で更に子部品だけをクリックします。その操作の後は、子部品だけを動かせます。子部品だけを削除することができます。

　親部品を削除すると子部品も一緒に削除されます。

2-3-1 グループ化と解除

　複数の部品があったときに、これらを同じグループにすることができます。同じグループにすると、移動、変形、複写などの操作をいっぺんにすることができます。

グループ化するには、グループにしたい部品群をはさみで囲んでください。すぐにグループ化されますが、グループ化された部品同士では互いに親子関係ができます。グループの中の複数の部品のうち、一番下の部品が親部品になります。その他は子部品となります。グループになった部品は、部品群のレイヤの一番後の部品を親にし、親より前のレイヤの部品を子にした親子関係になっています。
　グループ化を解除して、元の独立した部品にするには、グループ化された部品群を選択してから、選択枠の [**子部品配置ボタン**] をクリックします。グループ化が親子関係を作るということですから、グループ化解除で親子関係を解く作業をすればよいのです。

2-4　各種設定－便利な使い方

　部品の意味を理解して部品の使い方が分かれば、入門段階は修了したと言えると思います。ここまでが「白板ソフト」が初めての人にとって習熟の困難なところでした。
　さらに深く使いこなす前に部品の理解を前提にした、あらかじめ知っておいた方が有利だと思われる機能の紹介と使い方について触れておきます。

2-4-1　記録ツール

　授業では書き順の指導のように、経過をたどっていくという大切な学習活動があります。そのような時に教師の書いた跡が残っていて、その経過を逐一再現できれば、学習者にとって学び易いでしょう。その方法を紹介します。文字の書き順を記録してみましょう。
　まずボードページに描くペンの種類を選びます。次に道具ボタンの中の赤い [**記録**] ボタンをクリックします。すると、最初はポーズ（一時停止）ボタンになります。ポーズボタンをクリックして記録開始ということになります。また、ボードページに手書きで文字を描き始めても、[**タイムカウンタ**] が動き出します。「ここまでは記録」というところで再び [**タイムカウンタ**] ボタンをクリックして下さい。これで記録終了です。記録のダイアログが開きます。[**自動**] をクリックします。[**再生**] ボタンが出ますので、これをクリックすると再生が始まります。
　[**保存**] をクリックすると、操作した経過がこのソフト特有のファイルとして [**記録**] フォルダに残ります。すでに記録されている内容を再生するには、画面下の道具ボタンの [**ダイアログ**] ボタンを開き、フォルダをクリックして、[**記録**] フォルダ内の保存されたファイル

選んでをダブルクリックして下さい。再生されます。

2-4-2　設定－基本設定－保存・読込

「白板ソフト」のボードページの下の道具ボタンの左端の**[ダイアログ]**ボタンをクリックして、**[設定]**をクリックします。設定ダイアログが出てきます。上のタブの中から**[基本設定]**タブを選びます。ここでは自分の使いやすいように設定することができますが、ほとんどの場合は初期値で利用できるように設定されています。

　例えば自分用に画面下の道具ボタンの中にペン・バケツボタンが5本あるという操作環境を**[ボタン配置]**で作ることができます。そのような操作環境を作ったときは、操作環境をファイルとして保存しておいて、次に使うときに、その操作環境データを読み込んで使います。**[保存]**をクリックして、**[ファイル名を指定して保存]**にしておくと、その設定を次の機会に使うことができます。次からは**[読込]**ボタンから設定を読み出して利用することができます。

　基本設定の中で道具ボタンの位置は**[道具位置]**、あるいは**[サイズ]**、**[透明]**度などを変えることができます。

　[道具位置]で道具ボタンの並び方を縦にするなどのことができます。

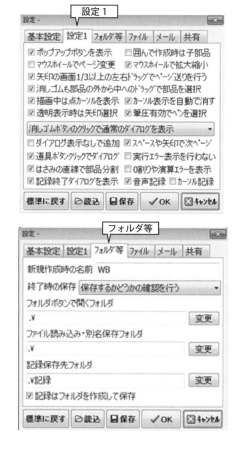

　道具ボタンの表示は編集中は不可欠ですが、実際の授業では不用になることがあります。そのときは道具ボタンを消す機能もあります。とっさの場合は F3 キーで消してください。再び道具ボタンを表示するには同じ F3 キーを使います。

　[設定]の中の**[設定1]**タブを選んで下さい。内容は、消しゴムの設定、はさみの直線で部品分割などの設定変更が用意されています。

　[設定]の**[ファルダ等]**タブを選んで下さい。保存先フォルダの設定などが行えます。

[設定]の[ファイル]タブを選んでください。
保存画像の質などの設定ができます。

[設定]の[メール]タブを開いてください。
メールの設定などが細かく行えます。

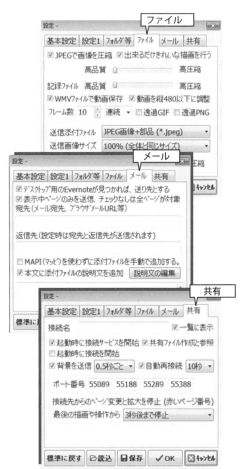

[設定]の[共有]タブを開いてください。他の端末とのやりとりに関する設定が、行えます。

これらの設定に関しては、各自が自分に合った作業環境を作るためにあるわけですが、いろいろな選択肢が存在しています。それらの細かい設定を自分で選ぶことができるということになります。

2-5　部品ページ入門

「白板ソフト」の基本構造はボードというファイルに相当するものの中にあるファイルのように部品があります。部品は各ボードページに任意に置かれていて、同じ部品同士が互いにリンクしています。各ボードページのレイヤには手書きの絵の載った前面、部品群、背景がサンドイッチのような構造を持って配置されているということでした。

　さらに各部品（というファイル）を開くと子部品というファイルが複数あるということが分かってきます。丁度ボード（というファイル）を開くと部品というファイルが複数あると同じように、部品を開くと子部品というファイルが複数あることになります。更に子部品を開くとその中に孫部品という複数のファイルがあることになります。部品、子部品、孫部品は始めからあるわけではなく、我々が作って入れるように器が設計されているという意味です。

　そのように考えると、ボードを開くと複数の部品がレイヤを持った各ボードページに分散して置かれているという状態は、部品を開くとその中に複数の子部品があり、その部品の持っている各ページ（これが部品ページ）に子部品が分散して存在していて、それらの各ページ（部品ページ）にもレイヤが存在しているということになるわけです。

　ここではその意味と活用を考えます。

2-5-1 部品ページの構造とレイヤ

白板ソフトの構造として、始まりがボードです。全ての出発点がボードです。ボードは複数のボードページを持ちます。ボードの中には部品が複数あります。部品はボードページとは独立して存在しています。つまり、どこのボードページにあっても、同じ部品は互いにリンクしています。

　これが「白板ソフト」の全体の構造でした。

　部品にもボードと同じ構造を持たせたのも、「白板ソフト」の特徴の一つです。部品はボードと同じ構造をしています。

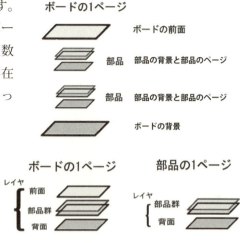

　部品も複数のページを持ちます。ボードの持つ通常のページ、つまりボードページと違い、各部品が独自に持っているページです。ここでは区別するために部品ページと言っておきます。混同しないようにしてください。

　ただし、大きな違いがあります。部品のページはボードの性質を引き継いで、レイヤがありますが、2種類の層（部品群、背景）のみから成っています。前面がありません。

　部品の中に部品ページが入っていて、その中に入れた部品があって、その中に同じ部品があれば互いにリンクします。

　部品は部品ページの0ページ（p.0）にできています。

　ボードページの最初のページは0（p.0）でしたが、部品毎に持っている部品ページの最初のページは同じように0（p.0）です。

　部品への部品ページの追加は [ページ追加（クリック有）] で行います。

2-5-2　[ページ追加（クリック有）]の構造と機能

部品 A を選択しておいて、部品 B をドラッグして部品 A に入れますと、**[部品ダイアログ]** が出ます。その中の **[ページ追加（クリック有）]** をクリックすると、次のことが行われます。

1. 部品 A の新しい部品ページができます。
2. 新しい部品ページに部品 B と同じ形で、部品名が部品 A と同じ部品が入ります。

部品 A の状態がまだ部品ページを持っていない状態だとすると、部品 A は p.0 にあります。部品 B を入れた後に新しくできた部品 A の部品ページは p.1 になります。その部品ページの中に部品 B が入っています。

[ページ追加（クリック有）] で部品を入れると各部品ページの各レイヤの背景の絵として入ります。しかし、その部品の名前は部品 A と同じ名前です。

同じ名前ですから、リンクが張られていて、クリックすると、次に移り、最後まで行くと、最初に戻ります。いわゆるパタパタアニメになります。

部品ページに **[ページ追加（クリック有）]** で貼り付けられた部品は単なる絵になり、部品ページのレイヤの背景に入ります。必ず最下面、つまり一番奥に配置されます。

部品ページの各ページの背景に入った部品はすべて同じ名前なので同じ背景と見なされます。クリックすると、ページが次に移り、そのページの背景の絵に移ります。

2-5-3　部品の構造を見る：アニメーション設定

部品の構造を見たいときは、部品を選択して、選択枠の真ん中の **[部品ダイアログ]** をクリックし、**[編集]** を選び、更にフィルムのような形をした **[アニメーション設定]** を選ぶことで見られます。

あるいは、画面上の何らかの部品の上でマウスを右クリックして **[アニメーション設定]** を選ぶと

アニメーション設定ダイアログが表れます。

どちらの方法でも、このときは**[アニメーション設定-"部品名"]**というタイトルになっています。

アニメーション設定ダイアログの0：、1：、2：などは部品ページを表しています。各部品ページを選ぶと、その部品ページに何が入っているかが画面上で確認できます。

画面上で順番の変更をするときは部品ページを選んでから**[前へ]**、**[後へ]**をクリックして下さい。これで入れ替えができますが、**[削除]**も行えます。**[新規]**で部品ページを作ることもできます。**[複写]**で同じ内容の複製を新しい部品ページに作ることができます。

部品ページの中に新しく入れた部品ページは上に（画面の前に向かって）積み重なります。これが部品ページの順番です。

[アニメーション設定]の中にある表では、上から表示順に並んでいます。表の一番上は一番奥です。表の下に行くほど画面上での奥から手前に向かっているように並んでいます。

2-5-4 編集ウィンドウ

部品ページの中を見るために**[アニメーション設定]**ボタンとは別に、編集ウィンドウが用意されています。部品を選択し、ダイアログが開いたら**[編集ウィンドウを開く]**をクリックしてください。部品ページが確認できます。部品ページの中が見えますので、ここで編集して保存することで各部品ページの中を変えることができます。

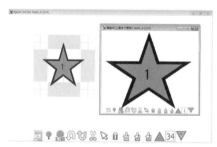

2-5-5 隠すページ

テレビのニュースショーなどで提示物にあらかじめに無地の紙を貼っておいて、はがしながら説明を加えていくスタイルが多く見られます。人は心理的に、隠れているものの覆いをはずすことで中がどうなっているかについて興味をそそられる傾

向があります。またその結果は人の記憶に強い印象を残すものです。それをうまく利用しているのがこれから説明する紙覆いの方法です。

正解を隠しておいて、その都度覆いをはずして正解を出すことで記憶を強化することができるわけです。

「白板ソフト」の画面上で絵や文字の部品を見せたり隠したり、交代させる機能が隠すページです。

まず隠したい部品を選択します。テキスト部品を使うことが多いと思います。[部品ダイアログ] が開きますので、[隠すページを追加] をクリックします。選択枠が赤または紫色になります。この操作のあと部品をクリックすると部品を出したり隠したりできるようになります。

隠すページはボードページ上の部品ではありません。部品の中に作った部品ページです。部品ページのp.0が隠すページです。部品は部品ページのp.1に移動します。共に部品ページの背景に入ります。

テキストでできた部品があるとします。部品に隠すページを追加すると、クリックの度に p.0 と p.1 が入れ替わりますので、隠すページ（p.0）の下の部品（p.1）であるテキストの文字が出たり隠れたりします。このときの隠すページのページという意味は、部品ページであるということが分かります。

2-5-6　隠すボタン

[隠す] ボタンは絵を四角形で隠す機能で、クリックするたびに下の絵が見えたり隠れたりします。隠すページは各部品に伴って作られる覆いです。[隠す] ボタンは画面の任意の場所を覆う機能ですから画面上の任意の大きさ、任意の場所で使うことができます。

[隠す] ボタンはペン・バケツダイアログの中にある「種類」の上から 4 番目です。隠す範囲はペンで描いた斜め線の左上と右下を対角線とする四角形です。[隠す] ボタンで作られる画面上の四角

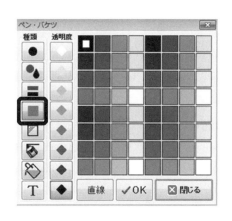

形は始めから部品ページを2ページ持っています。

[隠す]ボタンはp.0に隠す役割の不透明の部品ページがあり、p.1に透明の部品ページが作られます。クリックで入れ替わります。この窓は曇りガラス（p.0）と透明ガラス（p.1）の切替えができる窓と考えてください。

隠す役割の部品ページ（p.0）の透明度を半透明にすると、背後に何かあれば多少透けて見えます。隠すボタンの不透明の曇りガラスの色と透ける度合い（透明度）を変えることができます。

2-5-7　透明ボタン

隠すボタンも隠すページも覆いが表示されていますので、何か隠されているということが分かります。隠されている場所も隠したいという要求で作られたのが透明ボタンです。つまりどこに隠されているかも分からなくするのが透明ボタンです。

絵、手書き文字、部品の上に透明ボタンを作ると、絵、手書き文字、部品が見えなくなります。作った人でないと、どこに隠れているか分かりません。これが透明ボタンの特徴です。透明ボタンは部品ですから、はさみをクリックすると透明ボタンの場所が表示されます。

ペン・ボタンダイアログの[隠す]ボタンのすぐ下が[透明]ボタンです。[隠す]ボタンの曇りガラスの部品ページ（p.0）も透明にしたものが透明ボタンです。最初から2ページ持っています。p.0が透明な部品ページです。ここは後から不透明にすることもできます。p.1は最初から最後まで透明です。周りの図柄に溶け込んで見えないシートで下を隠すのがp.0で、下が透けて見えるのがp.1です。この2つの部品ページがクリックで切り替わるわけです。p.0のときは下が見えません。p.1のときに下が透けて見えます。見えないシートを持った窓というべきでしょうか。

2-6　部品ページでの操作入門

ボードページを使っている範囲では通常のページの概念で通用することが多いのですが、部品ページになりますと、部品の中にあるページということで普段はあまり接することのない概念を使います。そこでは注意することがいろいろありますので新たにこの節を付け加えました。

2-6-1　部品ページでの、[次ページに追加]

部品 A（☆）を選択して、その中に部品 B（○）を入れて部品ダイアログを開き、**[次ページに追加]** をクリックすると、

・部品 A の新しい部品ページの追加
・部品 A の新しい部品ページの中で、透明化された部品 A と部品 A の子部品としての部品 B

ができます。

透明化された部品というのは、同じ部品ですが形を透明にした部品を指します。

p.0 には部品 A のみ、p.1 には透明化部品 A と子部品 B があります。

部品情報を見ると分かりますが、親部品 A に対して B は子部品として入っています。透明化された部品は元の部品と同じ名前を持っています。この 2 つは親子関係があり、一体化した部品と見なされます。

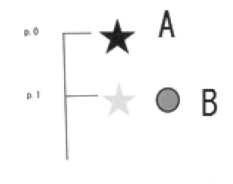

[部品ダイアログ] の中にある **[次ページに追加]** と **[ページ追加（クリック有）]** には大きな違いがあります。

部品 A に別の部品 B を入れたときに **[ページ追加（クリック有）]** は次の部品ページのレイヤの背景になります。背景として入った場合は絵と同じになり、部品の豊富な機能は失われています。

同じく部品 A に別の部品 B を入れたときに **[次ページに追加]** は次の部品ページのレイヤの背景の上に部品として入ります。部品ページの中で部品の機能が使えます。

今の状態は p.0 に部品 A、p.1 に透明化部品 A と部品 B が入っています。次に、新しい部品 C を子部品として加えてみます。

p.0 に部品 C を **[子部品として追加]** します。次にその部品 C を選択してダイアログを開き、**[次ページに追加]** とします。この操作で部品 C が、同

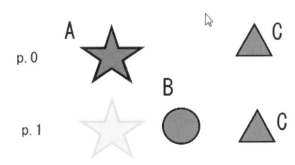

じ名前で部品ページでの次のページ p.1 に入ります。このときには **[次ページに追加]** を使っているので部品 C の透明化部品 C が作られるはずですが、実際には作られません。部品 A の部品ページ p.1 が既にできているから、その必要がないからです。

　これで p.0 と p.1 に同じ名前の子部品 C が入りましたので、子部品 C にリンクボタンが付きます。

　クリックすると次の部品ページに移ります。これはボードページのときにページを越えて存在する部品がクリックで次々とページが移ることに相当します。部品 B をクリックしても反応はありません。部品 A をクリックすると子部品 C が動きます。

　部品の形の変化に応じて子部品の位置を決めます。その結果、子部品の絵をクリックすると絵が変わります。子部品のリンクボタンをクリックしますと、そのことで直接に子部品をクリックすると絵が変わります。子部品の位置も変わります。

　子部品を直接ドラッグすると、絵がゆっくり変わります。

2-6-2　部品ページでの透明部品

ボードページにある透明部品（以降 T とする）はボードページを L 字型に切って作ります。マウスで L 字型にドラッグしますと、四角形の部分が選択されます。これが透明部品です。透明ですから、マウスでどこか周辺をクリックして選択を解きますと、見えなくなります。見えなくなっている透明部品の位置は、はさみで確認できます。**[はさみ]** ボタンをクリックすると、透明部品は他の部品と同じように、実線で囲まれて表示されます。

　透明部品の中に部品ページを作ってみましょう。

　透明部品 T に部品 A を入れて **[次ページに追加]** にします。新しい部品ページ p.1 ができて、部品 A が入ります。その部品ページ p.1 には透明部品 T を親とする親子構造ができています。この場合は部品ページ p.0 に透明部品 T だけがあります。透

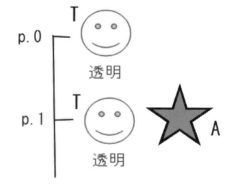

明部品Tの部品ページp.1には（透明化された）透明部品Tと子部品Aがある状態です。元々透明な部品Tを透明化しても透明のままです。

透明部品Aに同じ透明部品Aを入れて**[次ページに追加]**することはできません。入れた透明部品が別の名前になります。同じ名前で入れるにはどうしたらよいでしょう。これは、次のようにして問題を解決できます。

透明部品Tを作り、これを親部品とします。部品Aを入れて**[子部品として追加]**します。p.0に透明部品Tと部品Aが入ります。次に部品Aを選択して**[次ページに追加]**します。部品ページp.1に透明化部品T（元も透明部品）と部品Aが入ります。この方法で2つの部品ページに同じ名前の部品Aを入れることができます。同じ名前ですから互いにリンクしています。

このようにすると透明部品Tをクリックすることで部品Aは滑らかに移動します。

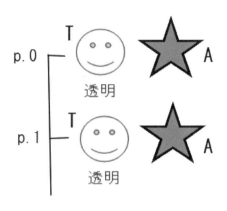

2-6-3 連続変形

同じ部品を透明部品の部品ページのp.0からp.3までの4ページに配置した例でアニメーションをつくりましょう。

透明部品Tに部品Aを**[子部品として追加]**します。p.0に透明部品Tと部品Aが入りました。

部品Aを選択して**[次ページに追加]**で透明部品Tの中に入れます。p.1に透明化部品（元も透明）Tと子部品Aが入りました。p.1にある部品Aを選択して**[次ページに追加]**で入れます。p.2に透明化部品Tと子部品Aが入りました。p.2にある部品Aを選択して**[次ページに追加]**で入れます。p.3に透明化部品Tと子部品Aがはいりました。この方法で部品ページをいくつでも増やしていくことができます。

同じ部品Aですから互いにリンクしています。次の性質を持ちますので連続移動に活用します。

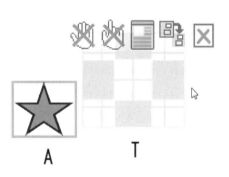

1．透明部品をクリックすると動きます。
2．部品のリンクボタンをクリックすると部品をクリックすることで動きます。
3．部品をドラッグしてから、もう一度部品をクリックすると自動的に動きます。

2-6-4　操作用子部品

アニメーションを利用して説明するときに、動く対象をそのまま自動的に動かすのも効果的ですが、少し離れた位置から制御しながら操作することで対象の動きにより注目させることができるでしょう。それには画面上に操作ボタンを作ればいいことになります。そのための操作のための仕組みを作ってみましょう。

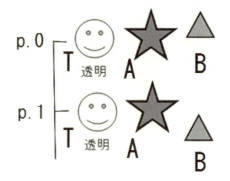

透明部品Tに子部品AとBを2種類入れました。片方のAを操作用ボタンとしました。これをドラッグすることでもう一方の部品Bを変形・移動します。これを作る順序を説明します。

透明部品Tに [次ページに追加] で子部品Aを入れます。p.0が親部品の透明部品で、p.1に子部品Aが入ります。

親部品Tのp.0の状態にして、子部品Bを [子部品として追加] します。その追加した子部品Bを選択してダイアログを開き、[次ページに追加] とします。この操作で子部品Bが、同じ名前で次の部品ページp.1に入ります。このときには部品Bの透明化部品Bはできません。すでに部品ページが作られているからです。

これでp.0とp.1に同じ名前の子部品Bが入りましたので、子部品Bにリンクボタンが付きます。透明部品Tをクリックすると子部品Aと子部品Bが動きます。リンクボタンをクリックすると、子部品Bのクリックで子部品Aが動きます。

このように入り組んできたときの部品ページの中身を変えたいときには、編集ウィンドウを使うと各部品ページが一覧で見られるので便利です。

2-6-5　部品情報を見る

ボードページの中で複数の部品を作ったときにそれらの特定のボードページに関して、そのボードページのレイヤを見るには、画面を右クリックしてから **[部品情報ウィンドウ]** を選びます。何もない場所で右クリックすると、部品情報ウィンドウのタイトルが **[部品情報−]** となります。

　部品を選んで、その上で右クリックすると部品情報ウィンドウのタイトルが **[部品情報−"部品名"]** となります。そのボードページにどのような部品等があるかの情報が表示されます。選んだ部品の名前が反転表示されています。WB（ボードという意味）がトップに来ています。この縦の並び方は特定のボードページの各レイヤが表示されていることになります。

　WBの下にファイル名（部品名）が縦に並んでいますが、上が一番奥です。下が一番手前です。手書きは前面に何が描いてあってもImageとしか書いてありません、親子関係は1字下げで表示されています。

　WBがトップでその下に下位のレイヤとして順番に並んでいます。ボードページではありません。WBがいわゆるルートで下位の層としての部品はWindowsで言われるファイルとして存在しています。現在ボードページの中にあるファイルは全て表示されています。

　タイトルが **[部品情報−"部品名"]** とありますが、これは各ボードページの中の部品の情報です。部品がどのボードページにあるかは別の問題です。もしその部品に部品ページがあったときには、部品情報の下のボックスに分数を使った部品ページが表示されます。例えば2/3となっていたら、全部で3ページあるうちの現在p.2ということです。その中の特定の部品ページをクリックすると、その部品ページの内容が表示するようにできています。

　適宜これらを利用して操作して下さい。

2-7　アニメーション入門

「白板ソフト」は基本的にアニメーションをつくるのに適した設計がなされていますので、誰でも簡単に動く教材が作れます。ボードページあるいは部品ページを越えた部品があれば、それらは互いに補間で結ばれて表示されますので、アニメーションが作りやすく用意されていると考えられます。さらに工夫を入れることで効果的なアニメーションが可能になります。それらについて解説をします。

2-7-1　ボードページのアニメーション

最初はボードページを使った初歩的なアニメーションです。まず動かしたい絵の部品を用意します。その部品を選択して、ボードページを 1 つ増やします。選択された部品が移っていますので、そこでクリックします。これで部品が複写されました。

　この部品を縦に伸ばして見ましょう。2 つのボードページに同じ部品がありますので、互いにリンクしています。ボードページを戻したり進めたりしますと、滑らかに動きます。補間（2 つの形の間の変化を計算して変化の途中の形を補充して滑らかに見せること）ということが自動的に行われ、変化の途中を自動的に作ってくれます。これで最も簡単な動き、アニメーションが作れました。

　このアニメーションはボードページを変える操作で動きました。部品を選択してリンクボタンをクリックしておくと、部品をクリックすることで、滑らかに次のボードページに移ります。

　この動きを自動的にというべきでしょうが、自律的に動くようにすることができます。

　部品を [矢印] ボタンでドラッグしてから再度部品をクリックすると、自動的にアニメーションが動きます。部品をドラッグしてから再度クリックするまでの時間を速くすると、その値を検知して、速く動きます。

　あるいは部品を長押ししてから、もう一度部品をクリックすると動きはじめます。

　止めるときは動いている部品をクリックします。あまり速く動かせておくと止めるのに部品を捕まえにくくなります。

　これは「白板ソフト」の基本的な機能を使った例ということもできます。

　部品を用意して、選択し、次のボードページに移ってからクリックすると、同じ部品がコピーされます。この部品を何回か移動させ、さらに回転

や伸縮も行ってください。このようにすると2つのボードページの切替えで部品は滑らかに移動／回転／伸縮します。部品のリンクボタンをクリックしておくと、部品をクリックすることで、ボードページが変わります。自動的に動かすこともできます。

2-7-2 ボードページの操作用部品

ここでは一つの部品の動きに加え、もう一つ部品を加えて、2つの部品を同時に動かす方法を説明します。片方の部品Aをドラッグすることで、もう一方の部品Bの動きを操作することができます。部品Aをドラッグすることで、部品Aと部品Bの2つとも動かすことになります。

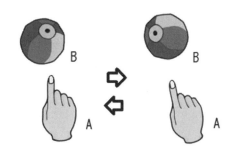

操作用部品を設定することで、アニメーションで動く部品の動きを操作部品の操作で制御（コントロール）することができます。操作用部品のドラッグによって、対象の部品がアニメーションを行います。

ボードページを戻すか、操作部品Aを戻るようにドラッグすることで、ビデオの逆再生のように元に戻りながら動きます。

2-7-3 ボードページのより戻し

同じ部品が複数のボードページにあったときには、それらがつながって動きます。最後の部品の絵は最初の部品の絵につながります。棒のようなものですとこの差がはっきり出ます。

同じ運動を繰り返すときには、元に戻ったときに、完全に元に戻ることはありません。それまでの動きが記録されているからです。

例えば、鉛筆を最初から90度ずつ回転したとします。4回目に元と同じ図になりますが、最初の図と比べると、最後の図と同じですが1回転加わっています。このことが記録に残っていますので繰り返しのときに滑らかにつながりません。

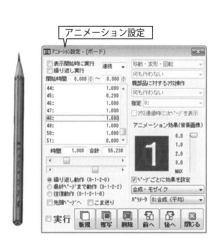

リンクボタンをクリックして更に部品を長押ししてから部品を再度クリックして下さい。自動的に動き始めます。

　1回転を元に戻してから再び回転を始めます。一周したときの回転、つまり撚り（より）を戻す動きを止めて滑らかにつなげる必要があります。そのための「より戻し」です。その方法は、ボードページの上で右クリックしてポップアップメニューから**[アニメーションの設定]**を選んでください。元に戻るときのボードページ、ここでは51：のアニメーション時間を0.000にします。より戻しの動きを止めることで滑らかにつなげる工夫です。

2-7-4　部品ページのアニメーション

部品ページを使うとボードページの1ページを使うだけでアニメーションが作れます。ここでは1ページのアニメーションとして、移動、伸縮、回転およびこれらの複合的な動き（変化）を扱います。

　まず部品ページの中で**[ページ追加（クリック有）]**で入れた部品の中で滑らかな動きを作ることを行ってみましょう。

　ボードでの**[ページ追加]**が部品での**[ページ追加（クリック有）]**に相当します。画面に部品A（赤）を作ります。この部品A（赤）を選択して、別に作った部品B（青）をドラッグアンドドロップして部品Aに入れ、部品ダイアログを開き**[次ページに追加（クリック有）]**をクリックします。部品Aのp.0には部品A（赤）、p.1には部品B（青）が入りました。この状態で部品Aをクリックすると部品Bと交代で表示されるパタパタアニメになります。次に部品Aを選択し、別に作っておいた部品Cをドラッグアンドドロップで部品Aに入れて**[子部品として追加]**をクリックします。その子部品を選択して、**[次ページに追加]**をクリックします。異なる部品ページにある子部品Cは互いにリンクしています。

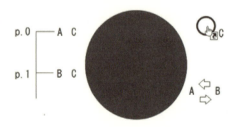

これをドラッグすることで、部品Aが部品Bに滑らかにつながります。子部品Cを入れないとパタパタアニメのままでしたが、これでスムーズにつながります。

次に滑らかな連続運動を実現する簡単な1ボードページアニメーションを作ってみましょう。これは透明部品のところですでに扱っているので簡単な説明に止めておきます。

透明部品の中に動かす部品を入れることから始めます。

透明部品Tを作って、その中に部品Aを**[子部品として追加]**します。透明部品の部品ページのp.0では透明部品Tと部品Aは親子関係で一体となっています。この部品Aを選択して**[次ページに追加]**とします。透明部品Tの下の部品p.1に、透明ページTと部品Aができます。部品Aはp.0とp.1の2つの部品ページで互いにリンクしているので、リンクボタンができています。リンクボタンをクリックすると、マウスのクリックで動きます。

これが最も簡単な滑らかな1ボードページアニメーションです。透明部品を使うところが要点です。

このことを複数回行うといくつかの状態を経由して連続的に運動するアニメーションが作れます。要点は透明部品を使って、その中に一つの部品を複数の部品ページに入れて、アニメーションを作るということです。

復習を兼ねてもう一度始めから、連続した動きを作る部品ページのアニメーションを作ってみましょう。透明部品Tを作ります。部品Aを作ります。透明部品Tに部品Aを入れて、**[子部品として追加]**します。ここは透明部品の部品ページp.0になります。子部品となった部品Aを選択します。**[部品ダイアログ]**を開いて、**[次ページに追加]**にします。透明部品の部品ページp.1ができて部品Aが入ります。部品Aを選択して変形／回転／移動します。

その部品Aを選択します。ダイアログを開いて、**[次ページに追加]**します。

透明部品の部品ページp.2ができます。部品Aを選択します。変形／回転／移動します。部品Aを選択します。**[部品ダイアログ]**を開いて、**[次ページに追加]**します。透明部品の部品ページp.3ができます。

以下同様に順番に増やしていきます。透明部品の場所をクリックすると部品Aが変形／回転／移動しながら滑らかに移動します。

アニメーションを作るときに位置を正確に決めたいときがあります。そのための目盛りが必要なときがあります。グリッド機能を使っても位置決めに間に合うことがありますが、目盛りに目立たない色を使い、自作のグリッドとしての画像ファイル等を作っておいて、**[背景として設定]**すると便利です。

2-7-5 部品ページのより戻し

透明部品を作って、対象となる部品を**[子部品として追加]**して入れて、その部品を選択して、**[次ページに追加]**しながら、回転を行っていくことで、回転の動きをつくることができます。

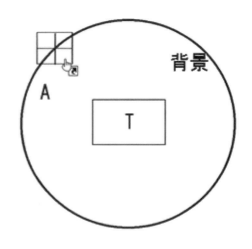

画面上にツールを使って田の字の形の図を描きます。回転が見えるようにするためです。部品化して部品Aとします。透明部品Tを作って、その中に田の字の部品Aをドラッグして入れます。**[次ページに追加]**を使って透明部品Tの中に入れます。部品Aを選んで回転して、リンクボタンをクリックすると選択枠が赤になります。

再び透明部品Tを選択して、部品Aを透明部品Tに入れて**[次ページに追加]**をして、回転して、位置を変えて…、を何回か行います。選択を解除します。ポインターがリンクボタンになるので、クリックすると回転します。

間隔を空けて部品Aをクリックすると自動的に移動・回転します。自動的に動いている状態を止めるときは部品をクリックします。

対称でない絵の部品の場合は1回転した後に、元に戻るときに「より戻し」の動きが入ります。部品ページのときに実際に作ってみて、次にこれを回避する方法を考えましょう。

一周して、元に戻ったときに、最初と同じ絵になりますが、最初と最後の絵を比べると、その間に回転が加わっています。これは記録されていますので、何もしませんとより戻しの動きが入ります。その絵の動きを止める必要があります。その方法は、アニメーションの設定で、その部品ページ（ここでは8:）のアニメーション時間を0にします。これで、少なくとも巻き戻しで1回転することは避けられます。

この処理は円のような絵でできている部品ではより戻しに気が付きませんので省略することができます。

2-7-6　イメージのアニメーション

部品ページでの手書きの文字のアニメーションを作ってみましょう。

　手書きで何か文字を書きます。ここでは α と描いたとしましょう。α をはさみボタンで囲んで部品化します。画面の別の場所で画面上を [はさみ] ボタンで L 字型に切って透明部品 T を作ります。T を選択して、その中に α をドラッグして入れます。[部品ダイアログ] が出たら [子部品として追加] をクリックします。次に子部品 α を選択します。

　[部品ダイアログ] が表れたら [次ページに追加] をクリックします。（この段階で透明部品をクリックして [次ページに追加] すると、ボードページの次ボードページに行きますので、それは避けてください。）

　次に α をクリックして選択します。リンクボタンをクリックします。その後選択を解除します。α にポインターをもっていって、リンクボタンになったらクリックして下さい。滑らかに動きます。これが最も簡単な連続変形です。

2-7-7　子部品から動きを操作

連続変形を別の子部品 A から制御します。同じような説明が入りますが、始めから作ってみましょう。

　画面に手書きで α と描きます。α をはさみで囲んで部品化します。画面上をはさみで L 字型に切って透明部品 T を作ります。T を選択して、その中に部品となった α をドラッグして入れて、ダイアログが出たら [子部品として追加] をクリックします。改めて子部品を選択します。[部品ダイアログ] が表れたら [次ページに追加] をクリックします。

　さらに α をクリックして選択します。α を変形しましょう。その後リンクボタンをクリックします。選択を解除します。α にポインターを持っていってリンクボタンになったらクリックして下さい。動きはじめます。

　別の場所で [ペン・バケツ] ボタンの中の [作図] ボタンを使って。形状は ○ （太くても細くても構いません）を選びます。画面に図形の ○ を描きます。これは部品になっています。これを操作用に使います。

　[矢印] ボタンツールに換えましょう。透明部品 T を選択して部品の ○ をドラッグアンドドロップで透明部品 T の中に入れます。

[部品ダイアログ] が出たら [子部品として追加] をクリックします。

○は透明部品の子部品になります。○を選択して透明部品 T から離しておきます。

αをクリックすると変形して部品○の位置が変わります。その都度、部品○を選択して位置を変えてください。部品○を選択してリンクボタンをクリックして下さい。

部品○をクリックすると自動的に連続変形（モーフィング）します。

部品○をドラッグすると、手作業で変形が操作できます。

2-8　計算式とグラフ入門

「白板ソフト」の機能として数値計算を視覚化して提示する機能があります。またデータをグラフにする機能もあります。これらについて紹介します。プログラミング教育などに活用が期待される機能です。

主に今まで文字入力で使ってきた **[テキスト]** ボタンを使って行います。この **[テキスト]** ボタンを数値を扱う器にして活用します。

[テキスト] ボタンに数値あるいは変数あるいは計算式を入れて計算ボタンまたは、 Shift + Enter を行うと、計算の結果が入った部品ができ、式と計算結果が表示されます。変数を含むときは変数も表として表示されます。この節ではこれらを一括して関係式と呼ぶことにします。この言葉は白板ソフトを制御するプログラミング言語の名前でもあります。また、計算ボタンまたは Shift + Enter という表記は以降一括して Shift + Enter として表します。

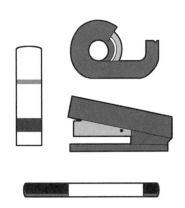

2-8-1 変数

例えば、 X (半角)と打ってから Shift + Enter を打ちます。xが左端に出てラベルになり、空白のテキストボックスが出ます。そのテキストボックスに矢印を持っていき、クリックしますと、テンキーが表示されます。その中の適当な値をクリックすると、数値がテキストボックスに入ります。

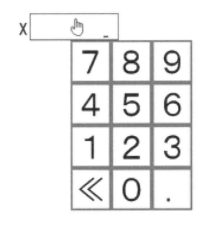

簡単な四則演算は計算式を打ってから、 Shift + Enter を打ってください。たとえば、 1 + 1 Shift + Enter とすると、1＋1がラベルになり、テキストボックスに演算結果の2が入ります。

変数を含んだ式(関数)があると、式の結果と変数の値が2行になって両方提示されます。変数から作られた関数を打ってから、 Shift + Enter を打ってください。

例えばx*x (xの2乗)と入力してから Shift + Enter としますと、x*xというラベルと空白ボックスの行とxという独立変数のラベルとその空白ボックスの行が2行でそれぞれ表示されます。

独立変数xの中に数値を入れると関数x*xの演算結果表示されます。

数値の入力は、テンキーからも、キーボードからも、上下のドラッグからも、左右のドラッグからも、それぞれできます。マウスカーソルが入力枠の上にあるときはキーボードからの入力が可能です。

同様にして、任意の変数(とその組み合わせ)を入力したあとに Shift + Enter を打つとそれらの変数をラベルとして空白ボックスが表示されます。空白ボックスに数値が入れられます。

2-8-2　チェックボックス

変数と等号を含む関係式を入れて Shift ＋ Enter とすると、チェックボックスになります。等号を持った式が真であるかどうかを判断して、真なら実行するという意味でチェックボックスにしてあります。

　まず[テキスト]ボタンで入力場所を作り、abと打ってから Shift ＋ Enter とすると、abというラベルと入力ボックスが作られます。

　ab=4 Shift ＋ Enter としますとチェックボックスになります。式の前の空白の箱にはチェックが入れられます。abという変数に4を代入するという意味の代入文です。

　ab=ab+1 Shift ＋ Enter
　ab=ab-1 Shift ＋ Enter

などはチェックボックスになります。ab=ab+1はabという変数に1を加えて、その結果をabという同じ変数に代入せよという命令です。ab=ab-1なども代入文です。

　式の前の箱（チェックボックス）にチェックを入れると、代入文が真になります。その結果、代入文が実行されます。チェックを入れない限り代入文は実行されません。

2-8-3　2行のテキスト

これまではテキストに1行だけ入れていました。2行の関係式を入れると意味が違ってきます。

　2行のテキストは Shift ＋ Enter とすると、ボタンになります。つまりコマンドになり、クリックで命令が実行されます。

　2行目が＝を含まないときはボードページ移動ボタンになります。先頭が＋か－の場合には、現在ボードページの後か前に移動します。

　2行目が＝を含む場合には、式の実行ボタンになります。ボタンを押したときに式が実行されます。

　例えばボードページ移動ボタンは2行で、

```
次ページ
＋1
```

とします。ボタンには次ページというラベルが貼られます。ボタンをクリックすると次のボードページに移動します。

2行で
```
前ページ
－1
```

```
次ページ  +1
前ページ  －1
1を加える  ab1=ab1+1

          ab1 [    7   ]
```

としますと、同じようなボタンが作られます。ボタンをクリックすると1ボードページ前に戻ります。

2行の命令で、
```
1を加える
ab1=ab1+1
```

とします。**[1を加える]** というボタンが作られて、その右に関係式がそのまま表示されます。この場合はボタンをクリックする度に式が実行されます。

現在の変数の中身を見たいときは、前に述べた方法で、変数のab1と打ってから Shift ＋ Enter とします。変数がラベルとして表示され、中身がボックスの中に表示されます。

確認のために2行の命令で変数の中身を加える、引くの2つをつくりましょう。

加える　　cc1=cc1+1

引く　　　cc1=cc1-1

変数の中身の確認は、cc1と打ってから Shift ＋ Enter とします。

2-8-4　表を作る

テキストボックスに3行以上の数値を打ってから計算ボタン、つまり Shift + Enter を打つと、左端にDと表示されている表ができます。このDは表の形のデータを表す部品名です。

　例えばテキストに次のように入力して Shift + Enter を打つと、それぞれ1列3行、2列3行、3列3行の表になります。数値の横の並びには半角のスペースが入れてあります。

2-8-5　関数の値を作る

3列の配列を作ります。1列目は水平軸の値、2列目は垂直軸の値、3列目はグラフの点の回りを囲むマーカーの半径を表します。マーカーは「白板ソフト」では泡と言います。つまり泡の大きさを表します。泡の大きさは20にしました。簡単にするために、xの値を-3から3まで1ずつ増やす設定にしました。つまり -3<=x<=3 としました。

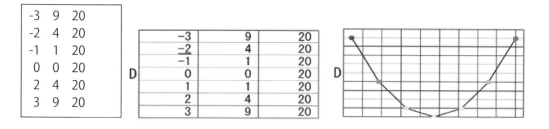

この値をテキストに打ち込んで Shift + Enter とします。Dは3列7行になります。これを選択して部品ダイアログを開き、**[表グラフ編集]**をクリックします。最初は表の編集の画面になります。左上のアイコンをクリックすると**[表グラフ設定]**となり、グラフの選択になります。左から6番目が泡グラフです。これをクリックしてグラフを描くことができます。座標軸の目盛りなども後からオプションで変えられます。

表グラフ

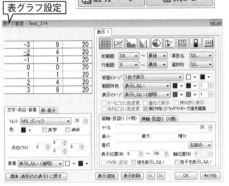

表グラフ設定

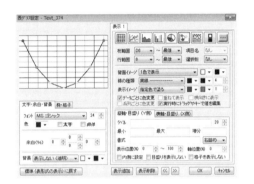

2-8-6 データのグラフ化

データがすでにあるときに、そのデータをグラフにする方法を説明します。

ここでは温度による飽和水蒸気圧の変化のデータを例にします。

データをテキスト部品に打ち込みます。

できた部品の表を選択してダイアログを開き、(または右クリックして**[表グラフ編集]**を選びます。) **[表・グラフ編集]**を選ぶと、表グラフ編集ウィンドウが表れます。表・グラフウィンドウの中の左上のアイコンをクリックすると、**[表・グラフ設定]**のダイアログが表れます。1列目は温度で2列目が水蒸気圧です。3列目は泡の大きさです。このときのグラフはこの「白板ソフト」でいう XY 泡グラフで表示してみます。

0	4.6	20
10	9.2	20
20	17.5	20
30	31.8	20
40	55.3	20
50	92.2	20
60	149.4	20
70	233.3	20
80	355.1	20
90	525.8	20
100	760.0	20

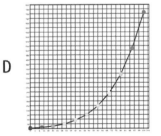

2-9　プログラム言語「関係式」計算部品入門

白板ソフトにはプログラム言語があります。これを用いることでアニメーション／シミュレーションを精密に制作することができます。この言語は「関係式」と名づけられていますが、基本的にはC言語の書き方を用いています。

ここでは白板ソフトをある程度マスターして、さらに使いこなしたいと考えているユーザのための入門ですので、プログラム言語、あるいはC言語についてある程度の基礎教養を前提にいたします。

例えば命令は半角で書く、C言語の命令の区切りはセミコロンを用いる、…などというプログラム言語の常識的なことはある程度知っているとして解説されております。

プログラム言語「関係式」の特徴について説明しましょう。この中で使われているプログラム言語はオリジナルの言語でC言語を基礎にしてはいますが、極めて独自性の高い言語体系です。部品の概念を基盤にしていますので、アニメーション、シミュレーションを作成するのには便利な言語です。そのために親部品の変数、子部品の変数という形が決められています。

親部品や子部品、兄弟部品の変数も参照することができます。@@変数名で親部品の変数、部品名@変数名で子部品の変数、@部品名@変数名で兄弟部品（親部品の子部品）の変数を参照できます。

例えば部品A（部品名Image_A）と部品B（部品名Image_B）があったときに、@@a、@@bはそれらの部品の親部品の変数a、bを表します。

この言語（関係式）では値の伝播ということが基本に置かれています。例えば、子部品側にz=@@z;という式を入れてあれば、親部品のz変数の変化が、子部品側に伝わります。子部品から親部品に伝えたい場合は、@@z=z;と書くと、親部品の変数が変化して、親部品の変数を介して、参照している子部品たちに伝わります。さらに孫部品にz=@@z;があれば、子部品の変数を介して孫部品に伝わることになります。a=@@z;のように変数名を変えても使えます。

ただし、伝わるのは変化があった場合のみになります。変化がないときは変化を絶えず見守っているわけです。

これらが関係式の値の伝播という特徴です。

2-9-1　計算の視覚化

例えば、x（半角）と打ってから Shift + Enter を打ちます。xが左端に出て、テキストボックスが出ます。そのテキストボックスに矢印を持っていき、クリックしますと、テンキーが表示されます。その中の適当な値をクリックすると、数値がテキストボックスに入ります。この部品の情報欄には、自動的に次のように書かれています。

$$\begin{bmatrix} @@x=@d; \\ @d=@@x; \end{bmatrix}$$

　x は変数ですが、Shift + Enter で入力された変数はすべて前に "@@" が付き、@@x のようになります。@d はシステム変数です。テキストボックスの中にある数値全体を表す値です。このように変数（ここでは x）を含むときは、@@ が付いた形の変数（@@x）に変換されます。@@x と書くと親部品の x 座標を表す予約されたシステム変数になります。

　上の 2 式は同じことを反対に書いてありますが、白板ソフトの計算のきっかけ（run）が「変数が変化したとき」という設定にしてあるために、テキストボックスの中身（@d）をテキストボックスの親部品（ここではボード）に入った変数（@@x）に代入し、逆にボードの変数（@@x）の値をテキスト部品の中身（@d）に代入するという操作を絶えずおこなって変数の変化を見張っていて、変化があれば直ちに反応するわけです。

　表・グラフ部品に対しては、2 次元配列の文字列型のシステム変数 @d が作成されます。表の列数と行数の 2 次元配列で、@d**[列数][行数]**; の形です。@d に対して値を設定することで表やグラフが変化します。

　テキストボックスに、例えば 2 と入れますと、システム変数の @d という配列の中が 1 行 1 列で 2 と入ります。テキストボックスを子部品とする親部品（ボード）の変数 @@x の値も 2 になります。

　例えば、

$$\begin{bmatrix} @@x[1]=2. \\ @D[1][1]:1="2" \end{bmatrix}$$

となっていたとします。D は 1 列 1 行の表という意味で、それに続く：1 は要素の数が 1 という意味です。

　Z と打ってから Shift + Enter と打ち、例えば 5 と入れますと、

$$\begin{bmatrix} @D[1][1]:1="5" \\ @@z[1]="5" \end{bmatrix}$$

になります。

　簡単な四則演算は計算式を打ってから、Shift + Enter を打ってください。

　たとえば、1+1 Shift + Enter とすると、2 になります。

　この部品の中は、

$$\begin{bmatrix} @d=1+1; \\ @D[1][1]:1="2" （システム変数） \end{bmatrix}$$
　　　　　　　　　　1+1　　　　2

となっています。1+1 というラベルと、テキスト部品の括弧が付いた 2 が一緒になっています。分解することもできます。

　変数を含んだ式があると、式の結果と変数の値が両方提示されます。変数から作られた関数を打ってから、Shift + Enter を打ってください。数値の入力は、テンキーから、キーボードから、上下のドラッグから、左右のドラッグから、それぞれできます。

例えば x*x と打ってから Shift + Enter を打ってください。

x*x の中の情報は @d=@@x*@@x; になっています。数値の入っているテキストボックスが子部品で、@@x は親部品（ボード）の変数です。

$$\begin{bmatrix} @@x=2. \\ @D[1][1]:1="4" \end{bmatrix}$$

となります。

テキストボックスに3行以上の数値を打ってから計算ボタン、つまり Shift + Enter を打つと、左端にDと表示されている表ができます。縦に 2,4,3 と入力したとしましょう。このテキストボックスの中は、3行になっています。2次元配列で、要素数が3になっています。配列Dの中は、**[表グラフ編集]** ボタンで見ることができます。表を選択し、ダイアログを開いて **[表グラフ編集]** ボタンをクリックしてください。

d[0][0]="2",d[0][1]="4",d[0][2]="3" になっています。列と行に展開すると、

番号	D0（中身）
0	2
1	4
2	3

のようになります。3つの縦の数値を入れたテキスト部品は計算ボタン Shift + Enter で、配列に保存されます。

2
4
3

という構成です。1列3行の配列で、列数1、行数3となっています。2次元配列で、要素が3ということです。その配列を右クリックして、グラフを選ぶと棒グラフなどが描けます。**[表グラフ編集]** のダイアログの左上のボタンにある **[表グラフ設定]** をクリックして、希望のグラフを選んでください。

2-9-2　関数のグラフ

xの計算ボタンを作って、x*x のようなタイプの関数のグラフを描いてみましょう。x1*x1 と打って Shift + Enter とすると、x1*x1 の箱と x1 の箱ができます。計算ボックスDを作ります。この中身はテキストで縦に7つの半角数値を並べておきます。これは離散的（飛び飛び）ですが、変数のつもりです。

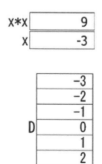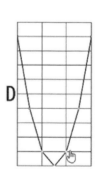

この表 D をコピーして同じ表 D を作っておきます。この表 D を x1 の中に入れます。x1*x1 が変化を受けます。x1*x1 をコピーされた D の中に入れます。これでグラフの材料ができました。この D がグラフになります。**[グラフ編集]** で折れ線グラフにします。

折れ線グラフですが、変数の途中の値をたくさん取ると関数のグラフを描くことができます。

後から式の編集をするには、部品のダイアログの情報の中の式を編集します。ラベルを書き換えます。ラベルは中身と独立して編集できます。

もう一度確認のために関数の値のグラフについて扱う数値を少なくして詳しく調べましょう。

テキストボックスで縦に 5 つ数値を入れて Shift + Enter とします。列数が 1 で行数が 5 ですから、D[1][5] ができました。D を選択してダイアログを開き、**[表グラフ編集]** をクリックしてデータの編集を行うことができます。この値は 1 列で表され、その意味で 1 次元です。

$$D = \begin{matrix} -2 \\ -1 \\ 0 \\ 1 \\ 2 \end{matrix}$$

D をコピーしてもう一つ作っておきます。別に関数（例）として x1*x1 の箱を用意します。変数 x1 の箱も付随的に作られます。x1*x1 の中の情報は次のようになっています。

[@d=@@x1*@@x1;]

x1 の中は、

[@@x1=@d;
 @d=@@x1;]

となっています。

D を x1 の中に入れます。:5 の 5 という数値は D の要素数です。

[@@x1[5]="-2","-1","0","1","2"
 @D[1][1]:5= "-2","-1","0","1","2"]

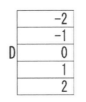

x1*x1 が変化を受けます。x1*x1 の中身を（前にコピーして作った）D の中に入れます。D の情報の中は次のようになります。

[@@x1[5]= "-2","-1","0","1","2"
 @D[1][1]:5="4","1","0","1","4"（システム変数）]

この D はグラフを描く材料になります。**[表グラフ編集]** を選んでグラフを描くことができます。使うグラフはグラフの種類の左から 2 番目の値だけを表示する通常の折れ線グラフです。ここで使うグラフの種類は泡グラフではありません。

この方法を使うことでさまざまな関数のグラフを描くことができます。

2-10　プログラム言語「関係式」入門

「白板ソフト」に入っているプログラミング言語「関係式」は回路設計に使われているプログラミング言語から多くの財産を引き継いでいます。部品を中心にして動くことを基盤にしていますのでシミュレーションを組むのに適しています。ここでは初等的な内容について解説を試みたいと思います。

2-10-1　文字の表示

例えば、"Hello World! " という文字列を表示するときは、テキストを選んで、その中に文字列を直接打ち込めば画面に表示できます。最後は **[OK]** または、Ctrl + Enter です。

　テキストを選んで Ctrl + Enter と打つと枠が作られます。その枠を選択して、ダイアログボックスを開き **[情報]** をクリックします。右上の空欄（関係式編集エリアと呼びます）に次のように打ち、Ctrl + Enter で実行すると、文字が表示されます。

[@T="Hello World!";]

　そのテキスト部品の中身は表示されている文字列になっています。変数に入れる文字列はダブルクオーテーション（"）でくくることになっています。

　部品のテキストの情報欄に、次のように入れたとします。

[a1="Good Evening!";
@T=a1;]

　打った後は Ctrl + Enter です。

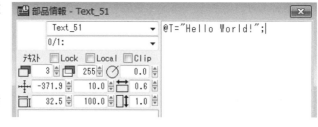

　変数 a1 に入った文字列は、@T という変数に入ったので、テキスト枠に入り、そのまま画面に表示されます。a1 は一般の変数です。この中には文字列も数値も入ります。@T はシステム変数（あらかじめ組み込まれた、約束が決められた変数）の一種で、@T は中に入れられた値が画面に表示される約束になっています。

2-10-2　キー入力と部品の移動

部品を画面上で動かすことをプログラムで実現します。画面に部品を用意します。その部品を選択してダイアログを開き、**[情報]** をクリックします。その右上の関係式編集エリアにプログラムを書きます。

[if（@KeyDown=="A"）{@X -=1;}
if（@KeyDown=="S"）{@X +=1;}
if（@KeyDown=="W"）{@Y +=1;}
if（@KeyDown=="Z"）{@Y -=1;}]

　キーボードの一番左側にある 4 つのキー（AWSZ）は、昔からマウスもない時代に移動の

意味で使われていて、その配置の形からダイアモンドキーと呼ばれていますが、それぞれのキーを押すと1ドットずつ配置されている向き（Aは←、Sは→、Wは↑、Zは↓）に部品が動くようにします。半角文字を使用してください。Windowsでは大文字小文字は区別しません。

　ifは条件を表し、（ ）の中に条件が書かれています。このときの条件成立のための等号は2つ使います。@KeyDownはシステム変数でキーが押されたことを意味します。（ ）内の条件が成立したときに{ }内の処理が行われます。@x、@yは部品の位置座標を表すシステム演算子です。-=、+=という演算子は、変数の値を減じて、その結果を代入するという意味です。つまり、

　x+=1 は x=x+1
　x-=1 は x=x-1

という代入文とそれぞれ同じ意味です。画面座標については使っている画面のピクセル数によりますが、基本的に画面の中心が原点0で画面右がx>0で画面上がy>0です。通常のx-y直交座標が使われています。

2-10-3　マウス入力と部品の移動

次のプログラムではマウスクリックのたびに、部品を右に移動します。

［@MouseClick？@X += 5;］

　@MouseXは部品からみたマウスの座標を表示します。マウスクリックの度に5ピクセルずつ移動します。この構文は一般には条件演算子と呼ばれているもので、

　（条件）？処理1：処理2；

です。（ここでは処理2が省略されている例です。）

　if文で書くと　if（条件）処理1：else　処理2；

と同じです。条件が真なら処理1を、偽なら処理2を行います。これは「関係式」の中では多用されています。

　次のプログラムは左ボタンを押すたびに、部品を右に5ピクセルずつ移動します。

［(@MouseDown == 1)？@X += 5;］

2-10-4　親部品を子部品で動かす

2つの部品を用意します。一つを親部品、もう一つの部品を親部品の中に入れて子部品にします。

　下記のような命令文を子部品に入れました。

［if（@KeyDown=="A"）{@@X+=5;}］

　@@Xはその部品の親部品のX座標の変化になります。キーからAが打たれるとその部品の親部品が移動します。

　回転させるブロックも　ます。子部品にプログラムを入れます。下のプログラムは半角大

文字 A を打つと、親部品が回転します。@A はシステム変数で部品の回転角を表します。@@A は親部品の回転角です。

[if（@KeyDown=="A"）{@@A+=0.1;}]

マウスが押されている間は動いているようにするためには、次のようにします。

[@MouseDown==1?@@A+=0.02,c#=!c;]

マウスが押されて（@MouseDown）いると、その親部品 @@ が左回り（+）に回転 A します。押されている間（c#=!c）は回っています。#= は遅延演算子です。= はすぐに実行するという意味ですが、この遅延演算子は次の同期信号が来たら実行するという意味です。次の同期信号が来るまでの時間をシミュレーションタイムと呼びます。ここにも条件演算子が使われています。

2-10-5　軌道運動

ここでは部品を左右に動かすだけを考えます。最初に右に行って画面をはみ出すと困りますので、ある程度行ったら逆に進んで元に戻るようにしておきます。部品の x 座標は @x で表されます。この値を増加させると部品は右に動きます。部品の動きの速度を v1 としましょう。画面をはみ出したら止める（v1 は 0）とします。部品の x 座標は 1 ずつ増加することで右に移動します。この変数を a1 としておきましょう。この a1 をシステム変数 @x に代入します。このときにシミュレーションタイムが終わってから演算する必要がでてきます。このとき使われる演算子が #= です。次のように書くと、部品は左右に動きます。

[if（@x<-400）{v1=1;}
if（@x>400）{v1=-1;}
a1#=a1+v1;
@x=1a;]

部品を回転させるためにはつぎのようなプログラムを書きます。

[if（@A<-2）{v1=0.01;}
if（@A>2）{v1=-0.01;}
a#=a+v1;
@A=a;]

2-10-6　パラメタ表示の軌道運動

パラメタを使った軌道上で部品を動かしたいときは、そのパラメタ表現の x,y 座標をシステム変数に入れることでできます。

[x=sin（t）
y=cos（t）]

のようにします。

楕円軌道の場合は次のようなプログラムになります。（x0 と y0 は楕円の中心です。rx と

ryは楕円の長軸、短軸に相当します。v4、そこから導かれるcは時間の経過を表します。ある程度時間が経ったら元に戻るような条件文を加えてあります。

```
if（c>3000）{v4=0;}
x0=200;y0=100;rx=100;ry=200;
v4=0;
v4#=v4+1;
c=v4;
@x=x0+rx*sin（c/100）;
@y=y0+ry*cos（c/100）;
```

放物線軌道を取る運動は次のようなプログラムになります。xmaxとymaxは画面の端の最大値です。ここを越えたら止めるような条件文を加えてあります。x0とy0は飛び出す場所です。v10と、そこから導かれるtは時間経過を表します。

```
xmax=600;ymax=600;
if（@x>xmax）{v10=0;}
if（@y>ymax）{v10=0;}
if（@x<-xmax）{v10=0;}
if（@y<-ymax）{v10=0;}
x0=-400;y0=-400;vx=40;vy=120;g=10;
v10=0;
v10#=v10+1/100;
t=v10;
@a=t;
@x=x0+vx*t;
@y=y0+vy*t-（1/2）*g*t*t;
```

これらを基礎にしてさまざまなシミュレーションを作ることができます。

解説

3

白板ソフトについての解説です。白板ソフトのダイアログにあるヘルプボタンや F1 キーで表示されるオンラインヘルプもあわせて参照下さい。

3-1　起動方法

白板ソフトの起動は、デスクトップに作成された白板ソフトのショートカットのダブルクリックで行います。それ以外にも便利な起動方法が複数あります。それぞれの起動方法について説明します。

デスクトップに作成された白板ソフトのショートカットのダブルクリックで起動

インストールによって作成されたデスクトップ上のアイコンをダブルクリックして起動します。通常は最後に保存したファイルが表示されます。

白板ソフトで保存済みのJPEG部品ファイルのダブルクリックで起動

ダブルクリックしたファイルを開きます。ファイルの関連付けが異なる場合は別のアプリが立ち上がります。その場合は手動で関連付けを更新して下さい。

白板ソフトに読み込ませたいファイルを白板ソフトのショートカット上にドラッグして起動

白板ソフトで保存済みのJPEG部品ファイルだけでなくbmp画像ファイルやショートカットファイル等を読み込ませて起動することも可能です。

3-2　ボード

ボードは白板ソフトの画面そのものになります。新しくボードを作成するには新規作成で行います。以下の手順で新しいにボードが作成できます。

①ダイアログボタンをクリックします。
②ダイアログの新規作成ボタンをクリックします。
③新規・追加ダイアログの新規ボタンをクリックします。

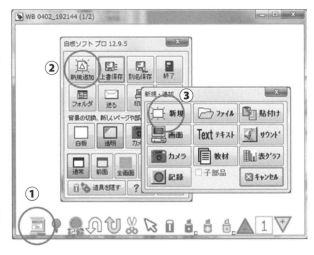

新規−新しいボードを作成ダイアログでボードのサイズを決めて OK ボタンをクリックすると新しいボードが作成されます。ボードのサイズは画面の解像度と同じ大きさや任意のサイズを作成できます。画像サイズの選択の一番下のカスタムサイズを選択することで任意のサイズのボードも作成できます。

　新規作成によって現在開いているボードと別のボードが作成されます。今の内容を消して同じウィンドウとして作成する場合は、現在の内容を全て消して、置換えるをチェックして OK ボタンを押して下さい。

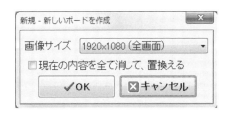

3-3　ペン描画と背景

　ボードにペンで絵を描きます。書いた内容は消しゴムで消せます。ホワイトボードのようにあらかじめ表が書いてあってその上にペンで書き込みをする事もできます。元々書かれている表を背景として、その上にペンで書き込む事ができます。背景には表以外にも写真やグラフ等も使えます。

　ペンで書いた内容が背景の上に書かれ、消す場合はペンで書いた内容だけが消えます。背景の上に透明なシートがあって、その上にペンで書いたり消したりする形です。このように複数の絵が重なっている事を複数のレイヤが重なっていると言います。背景レイヤの上に手書きレイヤが重なって同時に見える事になります。レイヤがあることで背景をそのままにして、上に書く内容だけを変える事ができます。

　背景レイヤ（格子模様部分は透明）
　ペン描画レイヤ（格子模様部分は透明）

背景レイヤ
（格子模様部分は透明）

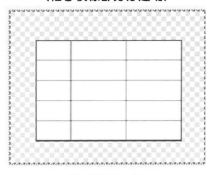

ペン描画レイヤ
（格子模様部分は透明）

3-3-1　背景の設定

背景画像を変えるには、外からファイルをドラッグして画像を置換えボタンをクリックして背景を変えます。ボードのページの背景画像が置き換わります。画像ファイル（bmp,jpeg,jpg,gif,png 等のファイル）や白板ソフトで作成したファイルが使用可能です。背景に遣う画像は、画面全体にサイズが調整されるので画面全体に合わせて余白を持った画像を用意します。元の解像度を保ったまま部品として配置する場合には背景に設定ボタンを使います。

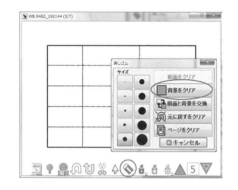

3-3-2　背景のクリア

背景のクリアは消しゴムを選択してから、もう一度消しゴムボタンをクリックして消しゴムダイアログを表示し、背景をクリアボタンをクリックしてクリアします。背景がクリアされます。

3-4　部品

背景レイヤとペン描画レイヤの間に部品を配置できます。背景の上に張り付けたシールのように複数の部品が配置できます。背景の上に部品が表示され、その上にペン描画が表示されます。

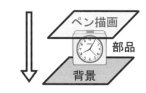

3-4-1　部品の追加

部品を追加するには、外からファイルをドラッグして部品として追加ボタンで行います。画像ファイル（bmp,jpeg,jpg,gif,png 等のファイル）や白板ソフトで作成したファイルをドラッグして追加できます。複数追加したい場合は部品として追加ボタンの隣の連続ボタンを複数回押します。閉じるボタンでダイアログが閉じます。

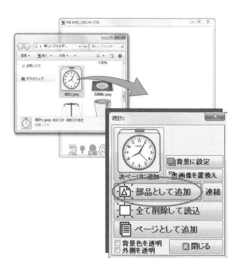

3-4-2　部品の選択

部品の選択は、矢印の部品の外側からのドラッグで行います。矢印を選んでから、部品の外側でマウスボタンを押してドラッグを開始し、部品上でボタンを離してドラッグを終了することで部品を選択します。道具のはさみを選んでから、はさみで部品上をクリックで選択できます。移動なし（固定）の部品は矢印では選択できませんので、はさみのクリックで選択します。選択されると部品に選択枠が表示されます。部品選択中の他の部品の選択や選択解除はクリックで行います。

移動可能な部品をウィンドウの外に出してから戻すことでも部品の選択が可能です。この場合の選択は矢印やはさみ以外でもできます。部品をウィンドウの外で離した場合には選択ではなく保存になります。

3-4-3　部品選択時の操作

選択枠の四隅をドラッグして拡大縮小ができます。縦横比率を変えずに拡大縮小します。

部品の辺の部分の外側や内側へのドラッグで変形ができます。縦横比率が変化する形での変形になります。

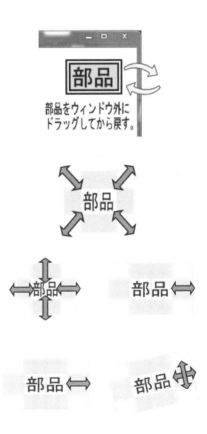

変形中にさらに回転方向に大きくドラッグすることで変形しながら回転します。変形している側の反対側を支点として回転と変形が同時に行われます。矢印などの部品を変形させる場合に便利です。

辺を最初に回転方向に大きめドラッグすることで部品が回転します。回転を開始した後の変形は行われません。回転中に大きめに外側や内側にドラッグすることで１５度区切りの回転になります。

3-4-4　部品の削除

部品を選択したときに表示されるポップアップボタンの一番右側の赤い×ボタンをクリックすることで部品を削除します。

3-4-5　部品の移動

移動可能な部品は道具の矢印を選択して移動ができます。部品の移動ありとなしは部品ごとに設定ができます。部品を選択して表示される一番左側のポップアップボタンの手のひらに赤い×がついている場合は移動可能な部品です。手のひらに赤い×がついているポップアップボタンをクリックすることで移動なしに変わります。手のひらに赤い×がついていない場合は移動なし（固定）の部品です。手のひらに赤い×がついていないポップアップボタンをクリックすることで移動ありに変わります。

3-4-6　部品の複写

部品を選択してから、選択枠の外から中を通って選択枠の外までドラッグすることで選択中の部品を複写します。同じ部品が複数作成されます。選択枠の外側でマウスボタンを押してからドラッグして選択枠上を通って選択枠の外側でマウスボタンを離します。1回の操作で1つ部品が複写されます。操作を複数回繰り返すことで複数の複写が行えます。

3-4-7　部品の子部品としての追加

道具の矢印を選択して部品を選択してから部品をドラッグして子部品にすることができます。移動可能な別の部品を選択枠の外から中を通って選択枠の外までドラッグすることで選択中の部品の子部品になります。部品を選択してから、子部品にする部品上でマウスボタンを押してドラッグを開始してから、選択枠の上を通ってから選択枠の外

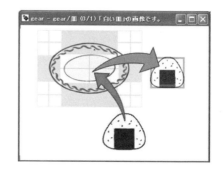

までドラッグしてマウスボタンを離してドラッグを終了します。ドラッグした部品が選択中の部品の子部品になり移動なしの設定になります。子部品は親部品と同時に動き、変形や回転も同時に行われます。

3-4-8　子部品の配置

子部品になった部品を元の状態に戻す場合には、子部品の配置ボタンを使います。部品を選択してから表示されるポップアップボタンの右から2番目の子部品の配置ボタンをクリックします。子部品が配置されてばらばらに移動可能になります。選択した部品が子部品の場合はその子部品だけが配置され、選択した部品が親部品の場合は選択した部品の子部品が全て配置されます。部品が最前面にない場合は右から2番目が前面に移動ボタンになっているので、その場合は前面に移動ボタンを押して最前面にしてから、子部品を配置ボタンするかポップアップボタンの真ん中の部品ダイアログボタンで部品ダイアログを表示してからダイアログ内の子部品配置ボタンで子部品を配置して下さい。

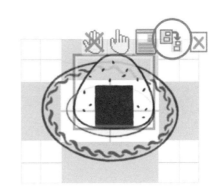

3-4-9　部品のレイヤ移動

部品のレイヤ順を変えることで重なった部品の表示順序が変わります。一番手前にある部品以外を選択して表示されるポップアップボタンの右から2番目の矢印がついたボタンが前面に移動ボタンです。前面に移動ボタンをクリックする事で選択した部品が一番手前に表示されます。すでに一番手前に表示中の場合には、右から2番目のボタンは前面に描画して削除のボタンになりペン描画レイヤに部品の画像を描画して部品を削除します。子部品がある場合は子部品配置ボタンになります。

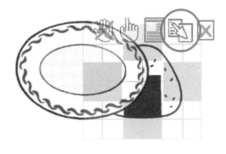

3-4-10　部品の操作ありとなし

通常の部品の移動は道具の矢印を選択して行いますが、部品の操作をありにすることでペンや消しゴムを選んだままでも部品の移動が可能になります。部品の操作ありとなしは部品ごとに設定できます。部品を選択して表示される左側から2番目のポップアップボタンの指差しに赤い✕がついている場合は操作ありの部品です。指差しに赤い✕がついているポップアップボタンをクリックすることで操作なしに変わります。指差しに赤い✕がついていない場合は操作なしの部品です。指差しに赤い✕がついていないポップアップボタンをクリックすることで操作ありに変わります。

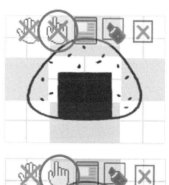

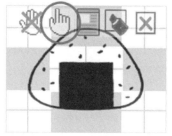

3-5　ページ

ボードは複数のページを持つことができます。赤い前ページボタンで1つ前へ、緑の次ページボタンで次のページに進みます。ボードはページごとに異なるペン描画と部品と背景を持ちます。最後のページでの次ページボタンは新しいページを自動で追加します。追加したページには現在のページの背景が複写されます。背景は消しゴムダイアログの背景をクリアで消せます。

3-5-1　ページダイアログ

ページ番号をクリックすることでページダイアログが表示されます。ページ画像の一覧が表示されます。ページダイアログのボタンでページの追加や削除等ができます。

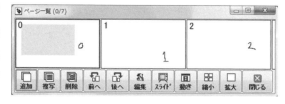

3-5-2 ページ画像

ページ画像をクリックすることでクリックしたページへ移動します。最後のページの次に表示されるグレーのページをクリックすることで新規にページが追加されます。ページ画像をドラッグすることでページ画像の一覧がスクロールします。ズーム中は青い枠が小さく表示されます。ズーム中の青い枠をドラッグして拡大範囲の移動が可能です。

追加ボタン：選択中のページと同じ背景を持ったページを表示中のページの後ろに追加します。背景がないページの場合は新しいページが追加されます。複写された背景は消しゴムダイアログでの背景をクリアボタンやページをクリアボタンで消すこができます。前に追加したい場合は、追加してから前へボタンを押して下さい。

複写ボタン：表示中のページと同じページを追加します。ページ内の部品も同じ部品としてページに配置されます。

削除ボタン：表示中のページを削除します。

前へボタン：表示中のページを１つ前に移動します。

後へボタン：表示中のページを１つ後ろに移動します。

編集ボタン：ページの移動、シャフル、削除や保存を行います。開始ページと終了ページ、移動先ページ等を設定してからボタンをクリックで実行します。

スライドボタン：スライドショーを実行します。実行中はマウスの左右ボタンでページを変更できます。指定した時間に合わせたページアニメーションも可能です。アニメーション中や実行中は、ページ番号の色が緑に変わります。実行を停止するには、緑に変化中のページ番号やページボタンのクリックで行います。ダイアログボタンや ESC キーでダイアログを表示した場合にも実行を停止します。

動きボタン：アニメーション設定を表示します。ページごとの時間等が設定できます。

縮小ボタン：ページ一覧の表示を縮小します。

拡大ボタン：ページ一覧の表示を拡大します。

閉じるボタン：ダイアログを閉じます。

3-5-3 別ページに部品を配置

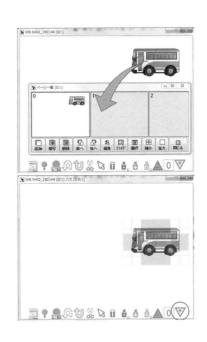

同じ部品を別ページにも配置するにはページ一覧を使う方法と部品を選択した状態で別ページに移動する方法の２種類があります。ページ一覧を表示して複写したいページにドラッグすることで同じ部品が別ページにも配置されます。

部品を選択した状態で別ページに移動することでも別ページに部品を配置することが可能です。部品の選択解除や移動や変形を行った場合に複写が確定します。部品の選択解除や移動や変形なし

でさらに別のページに移動した場合には、移動途中のページへの複写はキャンセルされます。

3-5-4　ページ間のアニメーション

複数ページに同じ部品を異なる位置や大きさで配置する事でページ間でのアニメーションが行われます。例えば、2つのバスの部品が0ページと1ページで異なる位置にある場合にページボタンでページを切り換えることでバスが移動するアニメーションが行われます。

　ページ間のアニメーションは移動だけでなく変形や回転、ページ変化等も行われます。

3-5-5　アニメーション時間

ページ間のアニメーションは通常は1秒が設定されています。アニメーション設定で時間を変更できます。ページ一覧の動きボタンを押してアニメーション設定を開きます。

　アニメーション設定のページ時間を変更することでアニメーション速度が変わります。時間は秒数の値を直接入れるかスライダーで変更します。2つのスライダーは上側が表示中のページの時間で下側が全体の時間です。時間（秒）を大きくすることでゆっくりアニメーションします。

3-6　部品のページ

部品も複数のページを持つことができます。複数ページの部品はページごとに異なる画像（背景画像）を持ちます。部品のページごとに異なる子部品も配置できます。部品の場合はボードと異なりペン描画レイヤは持ちません。部品のページは、部品を選択した状態のアニメーション設定で編集できます。部品選択中はボードでなく選択中の部

品が対象になります。部品に対してのページの編集、操作の設定等ができます。

3-7 部品ダイアログ

部品を選択時に表示されるポップアップボタンの真ん中のボタンで部品ダイアログを表示できます。部品ダイアログでは隠すページの追加や色の変更等ができます。部品ダイアログのいくつかのボタンは部品の種類や状態で表示が変化します。

部品画像：次ページに追加

　左側に表示されている画像ボタンは、選択中の部品を示しています。クリックで次ページに追加ができます。次ページに追加を繰り返すことで複数ページに追加します。終わる場合は閉じるボタンかマウスをダイアログの外へ移動してダイアログを閉じて下さい。

〈**前へボタン**〉

　前へ移動は部品を一番手前（一番手前に表示されるレイヤ）に移動します。すでに一番手前になっている場合は押せません。

〈**色ボタン**〉

　色を変更します。対象となる部品種類によって設定可能な色の種類が変わります。図形の塗りやテキストの色、背景色、枠色、グラフ等の色が変更可能です。図形選択時にはペンとバケツの両方の設定が可能です。

〈**部品情報ボタン**〉

　部品情報ウィンドウを表示します。部品の位置やサイズ等の値を調整できます。

〈**編集ダイアログボタン**

前へボタン

色ボタン

部品情報ボタン

編集ダイアログボタン

編集ダイアログを開きます。部品の複写や背景への描画等が行なえます。

〈コネクタ編集ボタン〉

部品のコネクタを編集します。固定用コネクタを追加することで磁石のように部品を重ねて貼り付けることができます。

コネクタ編集ボタン

〈描画して削除ボタン〉

部品が移動ありであれば前面に描画、移動なしの場合は背景に描画、移動なしで子部品の場合は部品に描画ボタンが表示されます。前面に描画は、表示中の部品を前面に64色で描画して削除します。どの階層の部品であっても、描画は最前面に行われます。描画後は消しゴムで消せます。背景に描画は背景に描画して削除します。背景に描画することで新しいページを作成した場合にも同じ画像が表示されます。背景をクリアする場合は消しゴムボタンを押して表示される消しゴムダイアログの背景をクリアで行います。部品に描画の場合は子部品を親部品に描画して削除します。描画先の部品のサイズも調整されます。

描画して削除ボタン

〈子部品配置ボタン〉

子部品を配置は、階層構造の部品を配置します。ボード上の部品の場合は選択中の部品の子部品全てが配置されます。部品の子部品を選択時には選択中の部品のみが配置されます。

子部品配置ボタン

〈部品として追加ボタン、連続ボタン〉

部品として追加します。連続ボタンで複数回の追加ができます。連続追加の終了は最後に部品として追加ボタンを押すか閉じるボタンでダイアログを閉じます。

部品として追加ボタン、連続ボタン

〈編集ウィンドウを開くボタン、テキスト編集ボタン等〉

選択中の部品の編集ウィンドウを別アプリとして開きます。部品の上への描画やページ追加等が行なえます。編集ウィンドウで上書き保存を行うことで内容が更新されます。部品の種類がテキス

編集ウィンドウを開くボタン、
テキスト編集ボタン等
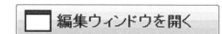

トであればテキスト編集のボタンが表示され、クリックで対応したダイアログが開きます。部品種類によってテキスト編集、サウンド編集、表グラフ編集、記録編集、カメラ設定のボタンが表示されます。

〈隠すページを追加ボタン、表示中ページを削除ボタン〉

グレーの半透明ページを先頭に追加して表示を隠します。クリックで切り替わります。表示開始時は常に隠すページが表示されます。すでに複数ページを持っている場合は表示中ページの削除ボタンになります。

〈透明ページボタン〉

透明ページを先頭に追加して表示を隠します。クリックで切り替わります。表示開始時は常に透明なページが表示されます。

〈閉じるボタン〉

ダイアログを閉じます。マウスをダイアログの外へ移動しても閉じます。

隠すページを追加ボタン、
表示中ページを削除ボタン

透明ページボタン

閉じるボタン

3-8 選択中の部品へドラッグ

選択中の部品へ別の部品や外部からのファイルをドラッグした場合には置換え用の部品ダイアログが表示されます。部品の置換えや画像の置換え、ページ追加等ができます。例えば、選択中のバスの部品の上に移動可能なトラックの部品をドラッグした場合に、置換え用のダイアログが表示され部品の置き換えやページ追加等が行えます。

左側画像ボタン：次ページに追加

左側に表示されている画像ボタンは、ドラッグ

した部品です。このボタンのクリックで選択中の部品の次ページに追加します。選択中の部品のページが最後のページの場合には新しい透明なページを追加してから部品が追加されます。追加後もダイアログは閉じないので複数のページに追加を行うことができます。追加の後は閉じるボタンでダイアログを閉じて下さい。

右側画像：ドラッグ先
（追加・置き換え先）

右側に表示されている画像は、ドラッグ先の部品（追加・置換え先）の画像です。

〈画像を置換えボタン〉

画像を置換えます。部品の背景画像が変わります。置き換え先の画像サイズに合わせて、画像を拡大・縮小して置き換えます。

〈子部品として追加ボタン、連続追加ボタン〉

選択中部品の子部品として追加します。子部品として追加する事で親部品の移動や変形に合わせた移動や変形が可能になります。子部品としての追加は部品を選択枠内を通して選択枠外にドラッグすることでも可能です。選択枠内を通しての子部品としての追加の場合は移動なしの子部品となり元の部品は削除されます。

〈部品を置換えボタン〉

ドラッグ先の部品を置き換えます。他のページにある同じ部品も、同時に置き換わります。置き換え後も部品名は変わりません。

〈ページ追加（クリック有）ボタン〉

ドラッグ先の部品の表示中ページの次ページとして追加します。背景画像と子部品が追加されます。ドラッグ先が画像部品でない場合は、画像部品に変換してからページを追加します。クリックして次ページの操作が設定されるので、クリックごとにページが切替わります。

画像を置換えボタン

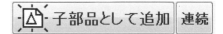

子部品として追加ボタン、
連続追加ボタン

部品を置換えボタン

ページ追加（クリック有）ボタン

背景色を透明チェックボックス：背景色と近い色を透明や半透明にします。背景色が白の場合は白い部分が透明になります。画像部品でない場合は画像部品に変換します。サイズ調整は行いません。

外側を透明チェックボックス：画像の外側の同じ色の部分を透明にします。画像部品でない場合は画像部品に変換します。サイズ調整は行いません。

〈閉じるボタン〉

ダイアログを閉じます。閉じるボタンを押さずにマウスをダイアログの外へ移動してもダイアログが閉じます。

閉じるボタン

3-9　ウィンドウ外への部品ドラッグ

道具の矢印を選択して、部品をウィンドウ外へドラッグすることで部品のファイルを送る事ができます。デスクトップやフォルダへ部品をドラッグするだけで部品ファイルを保存する事ができます。JPEG部品ファイルがドラッグ先に送られます。ボード自体を矢印で外にドラッグして保存することも可能です。ウィンドウ外へのドラッグによる保存は上書き保存と異なり最後に保存したファイルとしては扱われませんので、次回に白板ソフトを起動した場合に最後に開いたファイルとして開かれません。

3-10　記録ボタン

記録ボタンは、描画や操作を記録します。記録ボタンを使うことでいつでも描画や操作を記録できます。記録ボタンをクリックすると最初は一時停止のボタン表示になり、描画や移動等の操作で記録が開始します。記録中は記録時間が表示されます。再度、記録時間を表示中の記録ボタンをクリッ

クすることで記録が終了します。記録ボタンを画面内にドラッグすることで記録部品を作成してから記録を開始する事もできます。

3-10-1 記録終了ダイアログ

記録終了時には記録終了ダイアログが表示されます。再生ボタンとして配置とファイルとしての保存の2週類が選べます。再生ボタンとして配置した場合はクリックで記録内容を再生します。ファイルとして保存は、独自形式での保存、動画ファイル、アニメGIFとしての保存が選べます。

　自動再生として配置ボタン：表示開始時に自動で再生を開始する記録部品を配置します。クリックでも再生可能です。ページの時間を表示開始に実行する記録部品の最大時間に調整します。

　クリックで再生として配置ボタン：クリックで再生開始を行うように上下反転して記録部品を配置します。ページ時間の調整は行いません。

　自動繰返し再生として配置ボタン：表示開始時に繰返し再生開始になるように左右を反転して記録部品を配置します。ページの時間を表示開始に実行する記録部品の最大時間に調整します。

　クリックで繰返し再生として配置ボタン：クリックで繰返し再生を開始するように左右と上下を反転して配置します。ページ時間の調整は行いません。

自動再生として配置ボタン

クリックで再生として配置ボタン

自動繰返し再生として配置ボタン

クリックで繰返し再生として配置ボタン

3-11 虫眼鏡

虫眼鏡は、ドラッグした範囲を拡大表示します。道具の虫眼鏡を選択して、拡大したい範囲をドラッグで囲むことでその範囲が拡大表示されます。範囲を囲まずに画面をクリックした場合や右クリックは虫眼鏡のキャンセルになります。拡大表示中は矢印で操作や移動がない部分のドラッグで表示

の移動ができます。拡大中も、ペンや消しゴムでの描画ができます。拡大表示中に虫眼鏡ボタンをもう一度押すことで通常の1倍表示に戻ります。

3-12　はさみ

はさみにはクリックでの選択、直線ドラッグでの分割、囲んでの切り取り、L字等の囲まない形での切り取りの4種類の機能があります。

3-12-1　はさみのクリックでの選択

はさみのクリックで部品が選択できます。道具のはさみを選択すると部品が細い枠で囲まれて表示されます。それぞれの枠内や部品上をクリックすることで部品の選択ができます。固定した部品や透明な部品も選択可能です。固定した部品は矢印では選択できないのではさみを使って選択します。選択後は選択枠が表示され移動や変形が可能です。選択枠表示中に部品がない部分をクリックすることで選択が解除されます。選択中に選択中の部品をもう一度クリックではさみから矢印に道具が変わります。

3-12-2　はさみの直線ドラッグでの分割

道具のはさみを選んで部品上を直線でドラッグすることで部品を分割することができます。枠と重なる部分がない場合はページが分割されます。

3-12-3 はさみで囲んで切り取り

道具のはさみを選択してドラッグして範囲を囲むことで、部品を作成することができます。最初の点と最後の点が近い位置になるように囲んだ形が範囲になります。L字等の最初と最後の点が離れている場合には、囲んだ範囲を含んだ四角が範囲になります。切り取った後の形も四角になります。

はさみでの切り取り対象

はさみでの切り取り対象は、ペン描画、移動ありの部品、移動なしの部品、背景の４種類です。囲んだ範囲にペン描画または移動ありの部品が含まれる場合は、移動なしの部品と背景は切り取られません。囲んだ範囲にペン描画と移動ありの部品が含まれない場合のみ、移動なしの部品と背景の画像が切り取られます。ペン描画と移動ありの部品は切り取りによって元画像から切り取られますが、移動なしの部品と背景は切り取った後も元の画像はそのまま残ります。

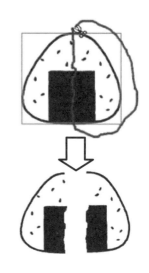

ペン描画や移動ありの部品の切り取りの場合には、範囲内の画像がそのまま切り取られる形になります。ちょうどはさみで紙を切り取った形と同じ形です。例えば、おにぎりの部品の半分をはさみ囲んだ場合はおにぎりが半分の２つになります。

移動なしの部品の上に移動ありの部品やペン描画がある場合には、囲んだ範囲の移動ありの部品とペンで書いた描画だけが切り取られます。移動なしの部品はそのままです。例えば、お皿の上のおにぎりがあってお皿は移動なしの設定で、おにぎりは移動ありの設定の場合はおにぎりだけが２つになります。移動なしのお皿は切られずにそのままです。

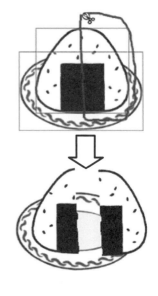

はさみで囲んだ範囲に移動ありの部品やペン描画がない場合にははさみで囲んだ範囲の画像を切り取ります。その場合には元の画像はそのままです。例えば移動なしのお皿だけがあって、そこをはさみで囲んだ場合には囲んだ範囲のお皿の画像

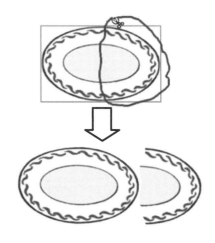

が新しい部品として作成されます。元の画像はそのまま残ります。

囲んだ場合とL字の場合の形

はさみで囲んだ場合は切り取った後のサイズは画像が透明かどうかを見て自動でサイズが調整されます。L字で切り取った場合は四角の範囲がそのまま部品のサイズになり自動でのサイズ調整は行いません。小さい部品であってもL字で囲むことで回りに透明部分を含んだ大きいサイズの部品になり、切り取った後の移動がやりやすくなります。例えば、丸の一部を囲んで切り取った場合は円弧の部分の最小サイズの部品になりますが、L字で切り取った場合は切り取った四角のサイズの大きめの部品になります。

囲んで切り取った場合は最小サイズ

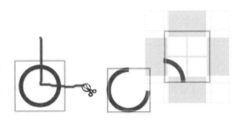
L字で切り取った場合は四角のサイズ

3-12-4　はさみで複数の部品を囲んでまとめる

ペン描画や複数の部品を囲んで、まとめることができます。複数の部品はレイヤ順に表示されています。一番後ろのレイヤが背景でその上に部品が複数配置されて一番上にはペン描画レイヤが表示されます。ペン描画や複数の部品を囲んで部品を作成した場合には、切取る対象の一番後ろのレイヤが元となる部品（親部品）になります。それ以外の部品や画像は子部品として配置されます。レイヤの見た目が同じになるような順番に配置されます。例えば、トラックと自動車の2つの部品があった場合にその両方を囲んだ場合には下側のトラックが元になる部品（親部品）になって、子部品として自動車が配置されます。選択して子部品を配置ボタンで分解が可能です。

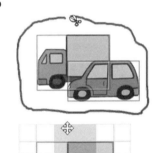

子部品を持った部品の切り取り

子部品を持った部品の切り取りの場合は、子部品を含めた1つの画像として扱います。囲んで切り取って画像になった後は選択しての移動等はできなくなります。例えば、トラックの子部品として自動車がある部品をはさみで囲んだ場合は子部

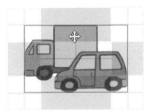

品をまとめた1つの画像になります。子部品はなくなり1つの部品として扱われます。

複数ページを持った部品の一部を切り取り

複数ページを持った部品の一部を切取った場合には、切られた側の部品は複数ページのままです。表示中ページの画像のみが切り取られて別ページの画像はそのままです。例えば、隠すページ等の一部を切取った場合もそこの部分だけが切り取られます。切取られた側はクリックでの切り替えも有効のままです。切取った側は1ページだけの画像になります。部品を全て囲んで切り取った場合1ページの画像になります。

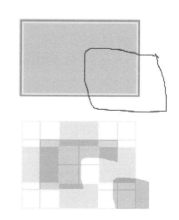

3-12-5　はさみダイアログ

選択中のはさみボタンをクリックではさみダイアログが表示されます。はさみダイアログではPC画面の取り込みや描画をまとめて切り取るなどができます。

〈PC画面の取り込みボタン〉

PC画面を取込み部品として追加します。PC画面の取り込みダイアログが表示されます。静止画の取り込みは PrintScreen キーで取込んでから貼り付けでも行うこともできます。

〈描画を部品に変換ボタン〉

ペンで描いた描画を部品に変換します。はさみで囲んで切り取りと同じ操作をします。描画を調べて空白（透明）でない部分があれば、そこの部分のまとまりの部品が作成されます。

〈背景を部品に変換ボタン〉

背景画像を部品に変換します。背景画像を調べて空白（透明）でない部分があれば、そこの部分のまとまりの部品が作成されます。

〈ページを部品に変換〉

表示中のページの内容を1つの部品と子部品に変換します。ページ全体の変形等に便利です。

PC画面の取り込みボタン

描画を部品に変換ボタン

背景を部品に変換ボタン

ページを部品に変換

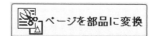

3-13　矢印ボタン

矢印ボタンは、部品の選択や移動、設定されたマウス操作を実行します。部品の選択は部品の外側から内部へドラッグにより行われます。矢印カーソルはドラッグでの移動が可能な部品上では、手のひらカーソルに、マウス操作可能な部品上に動かすと指差しカーソルに変化します。

3-14　編集ダイアログ

矢印選択中の矢印ボタンクリックで編集ダイアログが開きます。編集ダイアログは、部品の削除や複写等の編集を行います。部品を選択して編集ダイアログを開いた場合は編集－トラックのように選択中の部品名が表示されます。選択中の部品に対しての編集ができます。部品の削除や複写、前面や背景への描画、色の変更、設定の変更等ができます。部品を選択中でない場合はボードに対しての編集になります。

〈部品削除ボタン〉

選択中の部品を削除します。別ページの部品はそのままです。ボードを対象にした場合はページの削除になります。

部品削除ボタン

〈前面に描画して削除ボタン〉

部品を前面（ペン描画レイヤ）に 64 色で描画して削除します。別ページの部品はそのままです。描画後はペンや消しゴムで編集が行えます。

前面に描画して削除ボタン

〈背景に描画して削除ボタン〉　または
〈部品に描画して削除ボタン〉

部品を背景に描画して削除します。別ページの部品はそのままです。背景に描画することで部品がなくなり画像になるのでファイルサイズが小さくなります。部品が部品の子部品の場合はボードの背景ではなく部品の背景（部品の画像）に描画

背景に描画して削除ボタン

します。部品に描画する場合には描画範囲に合わせて部品のサイズも調整されます。

〈複写ボタン〉

部品を複写して新しい部品を作成します。ボードが対象の場合はページの複写になります。

複写ボタン

〈部品配置（子部品を配置）ボタン〉

選択中の部品の子部品を配置（展開）します。はさみでグループ化した部品を戻す場合にも使います。配置先は、選択中の部品と同じ階層になります。子部品がない場合は、このボタンは押せません。

部品配置（子部品を配置）ボタン

〈描画ボタン〉

部品種類を画像部品に変換してから、選択中の部品の子部品を部品に描画します。部品のサイズは子部品を含んだサイズに調整されます。

描画ボタン

〈次ページに複写ボタン〉

選択中の部品を親部品の次ページに複写します。次ページがない場合は、新しいページが作成されます。

次ページに複写ボタン

〈全ページから削除ボタン〉

部品を全ページから削除します。部品が表示中ページ以外のページにある場合に有効になります。

全ページから削除ボタン

〈全ページに複写ボタン〉

部品を親部品の全ページに複写します。親部品が複数ページを持っている場合に有効になります。

全ページに複写ボタン

〈テキスト作成ボタン、テキスト編集ボタン等〉

選択中の部品の種類によって、テキスト作成、テキスト編集、サウンド編集、カメラ設定、記録編集ボタンに変わります。テキスト作成は新規にテキストを作成します。テキスト作成時には、同じページの一番手前に表示中のテキスト部品の属性を継承します。ページにテキストがない場合は1つ前のページのテキストを参照します。継承した枠や色等の属性はテキスト編集テキスト属性のクリアボタンで標準の属性にクリアできます。

テキスト作成ボタン、
テキスト編集ボタン

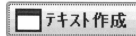

〈色の変更ボタン〉

色の変更を行います。対象となる部品種類によって設定可能な色の数や種類が変わります。図形の塗りやテキストの色、背景色、枠色、グラフ等の色が変更可能です。図形選択時にはペンとバケツの両方の設定が可能です。

色の変更ボタン

〈部品情報ボタン〉

部品情報を表示します。部品情報ウィンドウが開き、部品の位置やサイズ、メモ、関係式等の編集が行えます。部品情報ウィンドウは開いたままで操作可能です。

部品情報ボタン

〈アニメーション設定ボタン〉

アニメーション設定ウィンドウを表示します。部品のページ時間やページ削除、マウス操作、アニメ効果の設定が行えます。アニメーション設定ウィンドウは開いたままで操作可能です。

アニメーション設定ボタン

〈部品を固定（移動なし）〉または
〈移動を設定ボタン〉

選択中の部品を固定（移動なし）または移動に設定します。固定に設定した場合はドラックでの移動や矢印での選択ができなくなります。固定した部品にマウス操作が設定されていなければマウスカーソルの変化もありません。

部品を固定（移動なし）
移動を設定ボタン

〈部品の操作を無効または有効を設定ボタン〉

選択中の部品の操作を無効または有効にします。操作を有効にした場合は、通常はクリックで次へ（長押しで実行）が設定されます。複数の親ページに部品が含まれる場合はリンク有効（ドラッグやクリックで親のページを変更）が設定されます。操作の詳細設定はアニメーション設定で設定可能です。

部品の操作を無効または
有効を設定ボタン

〈拡大縮小を適用ボタン〉

選択中の部品に拡大縮小を適用して1倍の拡大率にします。通常は部品を拡大縮小しても、部品の内部サイズはそのままです。一度小さく表示した部品をもう一度大きくしても、元の状態で表示

拡大縮小を適用ボタン

することが可能です。小さく表示していても内部サイズが大きいので、ファイルサイズは大きいままです。大きく表示する必要がなくなった部品は、拡大縮小や回転を適用して内部サイズを小さくすることでファイルサイズが小さくなり表示も高速になります。

〈保存ボタン〉

部品をファイルに保存します。保存した部品はフォルダを開いてドラッグして追加できます。

保存ボタン

〈検索ボタン〉

部品検索ウィンドウを開きます。検索したい文字を入れて検索ボタンを押すことで、部品名や部品のテキスト内容等での検索ができます。部品検索ウィンドウは開いたままで操作可能です。

検索ボタン

〈コネクタ編集ボタン〉

選択中の部品のコネクタを編集します。コネクタ編集ダイアログが開きます。

コネクタ編集ボタン

3-15 消しゴムボタン

消しゴムは、ペンで書いた内容を消します。

〈消しゴムダイアログ〉

消しゴム選択時の消しゴムボタンクリックで消しゴムダイアログが表示されます。消しゴムのサイズの変更や、描画を全てクリア等が行えます。

消しゴムダイアログ

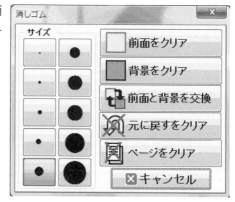

〈前面を全てクリアボタン〉

前面の描画を全て消します。ペンで書いた描画が消えます。

〈背景を全てクリアボタン〉

背景の画像を全て消します。

〈前面と背景を交換ボタン〉

前面の描画と背景を交換します。交換によって前面が背景として一番後ろに表示されます。元の背景は色数色に減らして前面に表示されます。

〈元に戻すをクリアボタン〉

元に戻すためのデータをクリアします。

〈ページをクリアボタン、選択中部品を削除ボタン〉

部品が選択中でなければページの内容をクリアします。ページの描画と部品と背景がクリアされます。ページ自体は削除されません。部品が選択中であれば選択中の部品を削除ボタンになり選択中の部品を削除します。

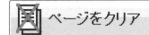

3-16 ペンボタン

ペンは、通常のペン以外に、鉛筆の形の作図ペン、バケツの形で表示されるバケツ、テキストペン等があります。ペンの色やサイズは、選択中のペンボタンのクリックでペンダイアログを表示して行います。

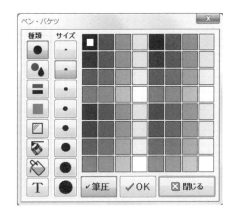

〈ペン〉

　ペンは、マウスのボタンを押しながら動かす（ドラッグ）して描画します。描画した内容は消しゴムで消せます。サイズ（太さ）と色を選択します。丸の大きさがサイズを示します。筆圧のチェックが有効で筆圧に対応したペンがあれば筆圧に合わせてペン幅が変化します。色の選択をクリックするか、選択中の種類やサイズをもう一度クリックでダイアログが閉じます。ペンやマウスをダイアログの外へ移動でもダイアログが閉じます。

ペン

〈マーカーまたは幅の変わるペン〉

　マーカーと幅の変わるペンは種類ボタンを押すたびに切り替わります。青はマーカー（半透明なペン）です。幅の変わるペンは移動速度に合わせてペン幅が変化するペンです。ペンのサイズ（太さ）と色を選択します。丸の大きさがサイズを示します。幅の変わるペンはペンボタンの右下に小さい四角が表示されます。

マーカーまたは幅の変わるペン

〈直線マーカー、直線〉

　直線マーカーと直線は種類ボタンを押すたびに切り替わります。直線マーカーは縦や横の直線を薄く塗ります。一番下の◇のサイズは範囲が閉じていればその範囲を塗り、閉じてない場合は四角の範囲で塗ります。直線は縦や横の直線を塗ります。一番下の◇のサイズは範囲が閉じていればその範囲を塗り、閉じてない場合は四角の範囲で塗ります。

直線マーカー、直線

〈隠すペン〉

　ペンの描画や固定されていない部品を隠す部品を作成します。クリックで隠すと見えるが切り替わります。ページを切替えて部品が表示される時には常に隠す状態で始まります。透明度の指定ができます。一番下が不透明になります。透明度を指定する事で背景や固定した部品を薄く見えた状態で隠すペンのクリック位置を示す事ができます。直線の指定がない場合には、範囲が閉じていれば

隠すペン

その範囲を塗り、閉じてない場合は四角の範囲で塗ります。直線の指定を行った場合は指定した幅の線で作成します。直線を指定した場合も透明度の指定は有効です。

〈透明ペン〉

透明ペン

ペンの描画や固定されていない部品を透明にして隠す部品を作成します。クリックで隠すと見えるを切り替えます。ページを切替えて部品が表示される時には常に隠す状態で始まります。透明度の指定ができます。一番下が不透明になります。透明度を指定する事で見えた状態の上に薄く塗る事ができます。何もない部分を薄い透明ペン範囲指定する事でクリックのたびに塗った状態と透明な状態を切り替える事ができます。直線の指定がない場合には、範囲が閉じていればその範囲を塗り、閉じてない場合は四角の範囲で塗ります。直線の指定を行った場合は指定した幅の線で作成します。直線を指定した場合も透明度の指定は有効です。

〈テキスト〉

テキスト

テキストペンで画面をドラッグすることでテキスト作成ができます。縦方向にドラッグした場合は縦書きとして開始します。背景の色の指定もできます。作成済のテキストをクリックする事でテキスト編集が行えます。

〈作図ペン〉

作図ペン

作図ペンは図形（図形部品）を作成します。ドラッグすることで直線や四角、楕円が作成されます。ペンの太さを2種類から選べます。一番下と下から2番目の◇は順番にクリックして同じ場所を2回クリックすることで図形を作成します。

〈バケツ〉

バケツ

バケツは範囲を塗ります。上側の2つの●のサイズはクリックで同じ色の範囲を塗ります。ドラッグした場合には囲んでない場合は直線に近ければ直線をそれ以外は四角を塗ります。すでに同じ色

に対してのクリックは消しゴムのように透明にします。一番下と下から2番目の◇は順番にクリックして同じ場所を2回クリックすることで図形を作成します。それ以外は指定した四角か円の形を塗ります。

〈筆圧〉

ペンを選んだ場合に筆圧ボタンが表示されます。ペン幅が筆圧に合わせて変わります。チェックがない場合や筆圧に対応したデバイスがない場合は通常のペンは同じ幅で描画されます。

〈直線〉

隠すペンや透明ペンを選んだ場合に直線ボタンが表示されます。チェックすることで幅を指定した縦横の直線になります。

〈ペンで囲んでの切り取り操作〉

ペンでのポップアップボタン表示が有効な場合はペンでの切り取りが可能です。ペンで最初と最後の場所が近いある程度の大きさ以上を囲むことで、はさみボタンが表示されます。クリックすることで囲んだ内容を切り取ります。切取る内容がない場合は描画自体が部品になります。

〈ペンで直線を折り返しての矢印と直線作成〉

ペンでのポップアップボタンの表示が有効な場合はペンの折返し直線で、直線や矢印の作成ができます。ペンで開始と終了位置が近い折り返し直線を描画する事で直線と矢印ボタンが表示されます。ボタンを押すことで直線や矢印を作成します。両端にはコネクタが配置され、表の値やページ番号の変数による値の伝搬も行われます。直線の場合は双方向の値の伝搬で、矢印の場合は片方向の伝搬になります。

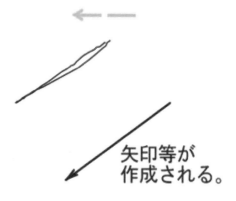

3-16-1　作図ペン

直線、四角、円は2点をドラッグすることで図形を作成します。◇の連続線は順番にクリックやドラッグすることで直線や円弧で結んだ図形を作成します。同じ場所を2回クリックするかドラッグで作図を終了します。右クリックは、最後の1点をキャンセルします。

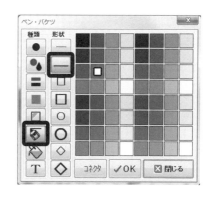

作図ペン

〈コネクタ〉

作図ペンを選んだ場合にコネクタボタンが表示されます。チェックすることで線の最初と最後にコネクタが追加されます。コネクタを掴んでの変形や別の部品にコネクタを重ねての変形ができます。閉じた図形の場合にはコネクタは追加されません。

コネクタ

連続線での円や四角の作図：

連続線での円や四角の作図はペンで最初からドラッグすることで行えます。縦や横にドラッグした場合は円が、斜めにドラッグした場合は四角が作成されます。細い四角の場合は一度四角を作成してから変形させて作成して下さい。

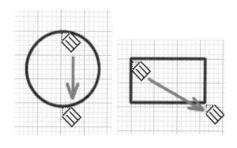

連続線での作図：

連続線での作図は、作図ペンを選んで最初の点をクリックしてから次の点をクリックします。順番にクリックすることで直線の図形が作成されて行きます。同じ場所を2回クリックすることで作図が終了します。

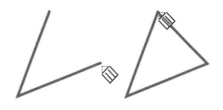

連続線での円弧の作図：

円弧を作図するには、2点目を1点目の方向にドラッグして行ないます。2点目を1点目以外の方向にドラッグした場合は作図の終了になります。

連続線での作図の終了と矢印：

閉じた図形以外の作図の終了は、同じ位置の2点をクリックするか、2点目を1点目以外の方向にドラッグして行います。円弧と同じように2点目をドラッグして1点目と2点目の範囲外にドラッグすることでも作図が終了します。2点目の先の位置にドラッグすることで線や矢印付きの線を描いた状態で終了します。ドラッグの距離を長くした場合に矢印が付きます。矢印は両側には付きません。1点目の先の位置にドラッグすることで線がない状態で終了することもできます。

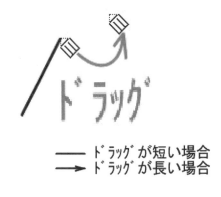

コネクタによる変形：

コネクタ追加が有効で直線の図形作成時には両端に接続用コネクタが作成されます。コネクタをつまんで変形することができます。コネクタを別の部品の上に重ねることで部品の移動に合わせて部品が変形します。部品選択中はコネクタの接続を解除して変形なしの移動になります。コネクタ編集で部品にコネクタの追加や削除が可能です。

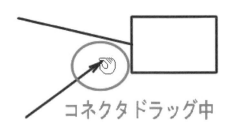

ペンや塗りの継承：

通常の作図では、ペンや塗りは継承なしの設定となり作成した時の色で表示されます。継承ありの場合は、親部品の変更に合わせて、自動で子部品の色も変化します。継承の設定は子部品を選択してから色の変更で後で変更することも可能です。

例えば、四角の親部品に四角と丸の2つの子部品を配置して、四角は継承なしで、丸は継承ありの設定とします。親部品の色を変えた場合に、継承ありになっている四角の子部品の塗りは同じ色に自動で変化します。継承なしになっている丸の部品は元の色のままです。継承の設定はペン（線）とバケツ（塗り）のそれぞれに行えます。ペン（線）の継承をありの場合は親部品の線の変更に合わせて子部品の線も変化します。

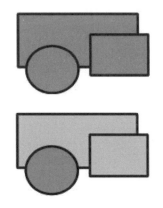

3-17 バケツ

範囲を塗るバケツは、囲んだ範囲を塗ります。囲んでない場合は直線に近ければ直線をそれ以外は四角を塗ります。クリックは同じ色の範囲を塗りつぶします。すでに同じ色に対してのクリックは消しゴムのように透明にします。青い●は半透明で塗ります。

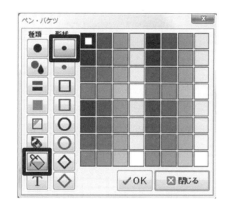

囲んだ範囲を塗る：
ドラッグ開始と終了が近い位置になるように閉じた形のドラッグは、囲んだ範囲を塗ります。

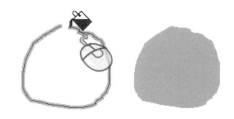

四角の範囲を塗る：
L字や曲った形で開始と終了が閉じていないドラッグは、四角の範囲を塗ります。

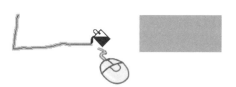

直線を描画：
直線に近い形でバケツをドラッグすることで直線が描画できます。曲りが大きい場合は四角の塗りになります。

同じ色の範囲を塗る：

1点をクリックすることで、そこと同じ色の範囲を塗ります。囲んだ範囲に穴があった場合の対策として、塗る範囲が画面の半分以上の場合は塗りません。大きい範囲を塗りたい場合は先にバケツのドラッグである程度の範囲を塗ってから、残りをクリックで塗って下さい。

同じ色の範囲を透明にする：

すでに同じ色で塗られた1点をクリックすることで、そこと同じ色の範囲を透明にします。一度塗った部分をクリックして透明にすることができます。

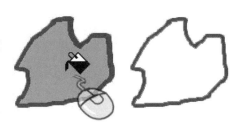

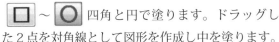 四角と円で塗ります。ドラッグした2点を対角線として図形を作成し中を塗ります。

連続線で図形を作成し中を塗ります。連続線での図形の作成については作図ペンを参考にして下さい。

3-18 ダイアログ

ダイアログボタンをクリックか ESC キーを押すことでダイアログが表示されます。ダイアログは、新規作成や保存、画面サイズなどの操作や設定を行います。ダイアログボタンを画面内にドラッグして道具表示位置の変更ができます。画面外にドラッグして部品情報の表示ができます。

ダイアログボタン

〈新規・追加ボタン〉

新しいボードや追加する部品を作成します。ファイルから新しいボードを開くことやファイルからの部品の追加もできます。

〈上書き保存ボタン〉

現在開いているファイルに現在の内容を上書き保存します。新規に作成してファイル名がない場合には保存先を指定するダイアログが表示されます。

〈別名保存ボタン〉

現在の内容を別名や別形式で保存します。

〈終了ボタン〉

ソフトを終了します。終了前に保存するかどうかのダイアログが表示されます。

〈フォルダボタン〉

フォルダを前面に開きます。フォルダからドラッグして追加ができます。フォルダに部品をドラッグして保存する事ができます。

〈送るボタン〉

現在の内容をメール送信用フォルダに保存しメールに添付して送信します。設定でEvernoteが有効になっていればアプリにファイルを送ります。

〈印刷ボタン〉

現在の内容を印刷します。印刷ボタンを押すことで、印刷ダイアログが表示されます。

〈設定ボタン〉

設定ダイアログを開きます。各設定の読込や保存を行い、OKボタンを押すことで設定が更新されます。

新規・追加ボタン

上書き保存ボタン

別名保存ボタン

終了ボタン

フォルダボタン

送るボタン

印刷ボタン

設定ボタン

〈新しいページ追加、画像ファイル等を読込〉

〈白ページ追加ボタン〉

背景色（通常は白）で塗ったページを今のページの次に追加します。

〈透明ページ追加ボタン〉

PC画面上の透明なページを追加します。透明に切り替えた時は全画面表示に切り替わります。次ページに進んだ場合は取込みを行います。ページを戻った場合には取込み済みの背景が表示されます。全画面表示中は取込み済みの背景の外側に薄い枠が表示されクリック等の操作ができない事を示します。

〈カメラ部品またはカメラページ追加ボタン〉

カメラの追加を行います。部品として追加した場合はカメラ画像を表示する部品が追加されます。背景として追加した場合はカメラ画像を背景としたページが追加されます。次ページボタンでカメラ画像が静止画になり、もう一度次ページで次のページに移動します。ページの移動は2回押して行う形になります。

〈ファイル追加ボタン〉

ファイルを読み込んで追加します。ファイル選択後にダイアログが表示され部品として追加するかページとして追加するか等を選びます。このダイアログは外部からファイルをドラッグした場合に表示されるダイアログと同じです。パワーポイントのファイルを読み込んだ場合はダイアログ表示なしで全画面表示に切り替わります。複数のファイルを選択してまとめて追加する事も可能です。

〈画面（ウィンドウ）モード〉

〈通常表示ボタン〉

通常のウィンドウ表示でない場合は通常表示に戻します。すでに通常表示の場合は、表示中サイズを設定した画面サイズに変更します。

〈前面表示ボタン〉

常に手前に表示されるウィンドウ表示に切り替

新しいページ追加、画像ファイル等を読込

新しいページ、画像ファイル等を追加

白ページ・透明・カメラ・ファイル

画面（ウインドウ）モード

通常表示・前面表示・前面表示

えます。説明や切り取った画像等をウィンドウとして常に前面に表示したい場合に使います。

〈全画面表示ボタン〉

全画面表示にします。ウィンドウ枠は表示されません。

〈グリッド表示ボタン〉

グリッドは OFF でもグリッドが表示されます。グリッド表示中はコネクタや透明部品が表示されます。グリッドの間隔や色の設定は設定で変更できます。

グリッド表示ボタン

〈共有ボタン〉

ネットワークを使ってボードの共有を開始します。複数のボードに同じ内容を表示することができます。共有のダイアログが表示されます。

共有ボタン

〈道具を隠す、道具を表示ボタン〉

一時的に道具を隠します。約 1 秒で道具を隠します。道具上にマウスを移動する事で表示されます。設定としては保存されません。

道具を隠す、道具を表示ボタン

〈ヒント表示ボタン〉

ポップアップヒント表示の ON/OFF を切替えます。操作方法や部品メモが表示されます。ヒントは、ヘルプボタンでヒントウィンドウとしても表示可能です。ポップアップヒント表示は空白行の手前までしか表示しませんが、ヒントウィンドウは全ての行を表示するため、より多くの行が表示されます。ヒント表示の範囲や文字サイズは設定ダイアログで設定可能です。

ヒント表示ボタン

〈ヘルプ表示ボタン〉

オンラインヘルプとヒントウィンドウを表示します。ヒントウィンドウ表示中にはポップアップヒントは出ません。ヒントウィンドウの最小化ボタンでポップアップヒント表示に戻り、ヒントウィンドウの閉じるでヒント表示なしになります。

ヘルプ表示ボタン

あとがき

「授業が楽しいと感じるときは、どんなときですか？」と、子どもたちに尋ねると、口々にこんな答えが返ってきました。
- わかったとき
- 考えて問題が解けたとき
- 調べて色々なことを知ったとき
- みんなの前でできたとき
- 自分の考えを発表してみんなにわかってもらえたとき
- 友達と協力してうまくいったとき
- 得意なことを教えて友だちもできるようになったとき

自分ひとりがわかった、知ることができた、うまくできたときだけではありません。何よりも友だちとかかわり合い、認め合ってこそ授業は楽しいものだということです。そしてそのベースにあるのは、「安心して自分を表現できる温かい学級」なのは言うまでもありません。

「大好きな仲間たちと一緒にいて、かかわり合いながらよくわかり、自分も仲間も共に成長していく授業」こそが「楽しい授業」なのだと思います。

「白板ソフト」は、大きく映してよくわかるだけでなく、みんなの考えを付け足して一つにまとめたり、それぞれの考えを並べて比較したり、インタラクティブで深まりや広がりのある授業を展開できる優れたソフトです。子どもの使っているノートや教科書の拡大提示をはじめ、特別支援教育的立場に立った指導（ユニバーサルデザイン）を展開する上でもとても有効です。

毎日の授業の中で「白板ソフト」を使ってみて、「子どもが『わかる』ためには『つなげる』ことが必要なのだ。」と気付いたことがありました。それは次の授業に於いてです。

算数の色々な数直線の目盛を読む学習では、一つの数直線を拡大して読んだり縮小して読んだりアニメーションを使ったりして学習させました。見ている目の前で数直線を虫めがね機能で拡大して、一目盛はいくつか考えさせました。そして、目盛を読んで数字を書きこんだものを目の前で元の大きさにもどして書き込んだ数字ごと小さく提示しました。すると、学習障害的な傾向があり、今までなかなか理解ができなかった子どももそうしたことで、イメージをつなげることができ、わかったと喜んだのです。

並んだおはじきをかけ算の考え方を使って区切り、おはじきの合計数を求める学習では、子どもたちの考え方をすべて縮小して画面上に並べておくことで、一人一人の考えを大切にするとともに考え方の比較が容易にできました。

また、子どもは先生の「手作り」が大好きです。教師が心をこめて描いた絵が魔法をかけたようにアニメーションで動きだせば、教室はたちまち子どもたちと発見・驚き・感動が共有できるワクワク気分でいっぱいの空間になります。

ここに挙げた事例はほんの一例ですが、子どもたちが楽しく、よくわかり、温かい心の響き合う、そんな授業をこれからも手作りしていきたいと思い、この本の出版を決意しました。

　　　　　　　　　　　　　　　　　　　　　　　　　　　　　　　片栁　木ノ実

執筆分担

巻頭言　木下　昭一
はじめに　片栁　木ノ実
第1章
1-1　あなたも作ってみよう！楽しい授業の教材
1-1-1　「漢字の筆順学習」―八木澤　薫
1-1-2　「人の体のつくりとはたらき」―片栁　木ノ実
1-1-3　「植木算」―八木澤　薫
1-1-4　「かけ算九九の学習」―八木澤　薫
1-1-5　「通過算」―八木澤　薫
1-1-6　「きんぎょのあぶく」―片栁　木ノ実
1-1-7　「栄養のバランスを考えよう」―片栁　木ノ実
1-2　教材が手軽に作れる！楽しい授業の実践例
1-2-1　「伝えたいことの言い方は」―鍋谷　正尉
1-2-2　「面積の色々な求め方」―片栁　木ノ実
1-2-3　「自然を生かした人々のくらし」―片栁　木ノ実
1-2-4　「もしも地震がきたら」―片栁　木ノ実
1-2-5　「すうじのうた」―岡田　夏実
1-3　詳しく知ればこんな教材も作れる！作り方の詳細
1-3-1　「いろいろな形の面積」―小山　万作
1-3-2　「『白板ソフト』を使ってプログラミングをしてみよう」―小山　万作
1-4　ダウンロードして使える！全学年の実践
1-4-1　「百人一首を覚えよう！」―坂井　岳志
1-4-2　「四角形のしきつめ」―鳥羽　純
1-4-3　「こんちゅうを育てよう」―八木澤　薫
1-4-4　「分けた大きさをあらわそう」―片栁　木ノ実
1-4-5　「スーホの白い馬」―片栁　木ノ実
1-4-6　「ぐみの木と小鳥」―片栁　木ノ実
1-4-7　「三びきのやぎのがらがらどん」―片栁　木ノ実
1-4-8　「安全な理科実験」―片栁　木ノ実
1-4-9　「管理職の三種の神器」―福田　晴一
第2章　木下　昭一
第3章　坂本　勝
あとがき　片栁　木ノ実

＊ダウンロード先URL：http://ien.tokyo/wb/

著者

編著者：木下　昭一、坂本　勝、片栁　木ノ実
著　者：片栁　木ノ実、木下　昭一、小山　万作、坂本　勝、坂井　岳志、鳥羽　純、鍋谷　正尉、福田　晴一、八木澤　薫、岡田　夏実
装丁・デザイン：坂本　憲吾

著者紹介

- 木下 昭一：きのした しょういち
  教育研究者、教育ネット研究所代表、教育でのメディア活用の研究を行っている。今後はネットワークの活用に広げたいと考えている。国立看護大学校講師、元聖徳大学教授、元大妻女子大学講師、元東洋大学講師。
- 坂本 勝：さかもと まさる
  株式会社マイクロブレイン代表取締役。人工知能、シミュレーション、組み込み系のソフトウェア開発を経て、現在は白板ソフトの開発を行っている。
- 片柳 木ノ実：かたやなぎ このみ
  調布市立石原小学校教諭。高校講師、養護学校教諭、中学校の理科教諭を経て、長年世田谷区で科学センターでの講座開発、プラネタリウム番組制作協力をはじめ、理科教育と情報教育の研究を続ける。趣味は写真、料理、芸術鑑賞、山歩き。
- 小山 万作：こやま まんさく
  世田谷区立弦巻小学校教諭。地域の詩文集のデータベース化。先生が使う教材ソフト作り。児童が使う学習ソフト作り。学習用ウェブサイト作り。いつも、小学校の現場で役立てるにはどうしたら良いのかを視点にしながら情報通信技術に関わってきた。
- 坂井 岳志：さかい たかし
  世田谷区立八幡小学校教諭。学習過程研究会顧問、日本教育情報学会理事、ICT活用研究会副会長。元パナソニック教育財団講師、元東京都教職員研修センター講師。Basicで教材作成を始め、TRONでの教材作成、Flashでのインタラクティブ教材作成を経て電子黒板の活用、白板ソフトの活用、百人一首教材の作成等を行っている。
- 鳥羽 純：とば じゅん
  世田谷区立武蔵丘小学校主幹教諭。算数少人数担当として7年目。学級担任のころから、MSX、HyperCard(Macintosh)、Flash、Scratchなどを使って教室で使えるソフトを作ってきた。教材だけでなく、校務処理も能率的にできるようExcelなども活用している。
- 鍋谷 正尉：なべや まさい
  大田区立東調布第一小学校教諭。塾講師、ソフトウェア開発、小学校講師、図書館職員を経て、町田市、大田区で普通教室でのICT活用の研究に取り組む。Basic、Flash、各種のScript言語とHTMLでの教材開発を経て、現在はHTML5や白板ソフトでの教材開発を行う。大田区教育研究会情報教育部・副部長、DiTT（デジタル教科書教材協議会）先導先生、ITCEコーディネーター、東京都教職員研修センターICT研修会講師としても活動を続ける。
- 福田 晴一：ふくだ はるかず
  知的障害特別支援学校教頭。在外教育施設フィラデルフィア補習授業校校長、帰国後、杉並区立和田小学校校長を経て、杉並区初めての統合新校、杉並区立天沼小学校校長となる。杉並区メディア研究会を新設し区内のICT推進役を担う。
- 八木澤 薫：やぎさわ かおる
  関東学院小学校教諭。30年前より現在の電子黒板的コンピュータの利用をテレビや雑誌等各種メディアで提唱。学習ソフト、算数・理科アニメパック全24巻（学研）、ディジタル教材ＣＤ・ＤＶＤ多数（大日本図書）。現在は理科のディジタル教材作りに熱中している。
- 岡田 夏実：おかだ なつみ
  都内認可保育園に保育士として勤務。聖徳大学児童学部卒業。大学在学中には子どもの病気を予測する為のソフトを開発研究した。趣味は手芸、スノーボード。

本書は著作権上の保護を受けています。本書の一部または全部についてソフトウェアおよびプログラムを含んで、教育ネット研究所の許諾を得ずにいかなる方法においても無断で複写、複製することは禁じられています。
本書に関するお電話によるご質問は受け付けておりません。

楽しい授業をつくる　〜「白板ソフト」を使って〜

2015 年 8 月 18 日　第 1 刷発行

著　者　Ⓒ 教育ネット研究所白板ソフト出版編集委員会，2015
発行者　池上　淳
発行所　学術図書出版　㈱青山社
　　　　〒 252-0333　神奈川県相模原市南区東大沼 2-21-4
　　　　TEL　042-765-6460（代）　　　　FAX　042-701-8611
　　　　振替口座　00200-6-28265　　　　ISBN　978-4-88359-340-8
　　　　URL　http://www.seizansha.co.jp　　E-mail　info@seizansha.co.jp

印刷・製本　モリモト印刷株式会社

落丁・乱丁本はお取り替えいたします。
本書の内容の一部あるいは全部を無断で複写複製（コピー）することは法律で認められた場合を除き、著作者および出版社の権利の侵害となります。

Printed in Japan